Hurra, es wächst!

Hurra, es wächst!

Tolle Projekte für kleine Gärtner

KOSMOS

Aus dem Englischen übersetzt von Dr. Wolfgang Hensel.
Titel der Originalausgabe: Grow your own for kids!
First published by Mitchell Beazley, an imprint of Octopus Publishing Group Ltd.
Endeaver House, 189 Shaftesbury Avenue,
London WC2H 8JY.

Impressum

Umschlaggestaltung von FSM Premedia unter Verwendung eines Farbfotos von Flora Press/The Garden Collection (Buchvorderseite) und einem Farbfoto von Will Heap.

Unser gesamtes lieferbares Programm und viele weitere Informationen zu unseren Büchern, Spielen, Experimentierkästen, DVDs, Autoren und Aktivitäten finden Sie unter **kosmos.de**

Gedruckt auf chlorfrei gebleichtem Papier

Für die deutschsprachige Ausgabe:

ISBN 978-3-440-12673-8
Redaktion: Katrin Friedrichs & Birgit Grimm
Satz: Kullmann & Partner GbR, Stuttgart
Produktion: Ralf Paucke
Printed in China / Imprimé en Chine

Der Verlag bedankt sich bei:

Will Heap für die schönen Fotos und für die Mitwirkung seiner ganzen Familie.

Mary Caroe für ihre Gastfreundschaft und Großzügigkeit und für die Erlaubnis in ihrem wunderschönen Garten fotografieren zu dürfen: www.vanngarden.co.uk

Emily Caroe für die wunderbare Zeit in ihrem Garten.

Unseren Models: Isobel Brooks; Anastasia und Joseph Glass; Carla, Ashleigh und Emily Rochester; Hugo Brown; Emily und Daniel Scartlebury; Mary, Calum und Penny Skuodas; Tom, Scarlet und Stanley Heap; Mia und Scarlett Somerville; Reece Merritt

Boden für das Verleihen ihrer hinreißenden Kinderbekleidung: www.boden.co.uk

Crocus für den Verleih der fantastischen Kinder-Gartenwerkzeuge und dem Vogelbad.

Das erwartet Dich

Komm mit in den Garten!

An einem sonnigen Frühlingsmorgen kann ich es kaum erwarten, in den Garten zu laufen und nach den kleinen Pflänzchen zu schauen, die ich vor einigen Tagen gepflanzt habe. Das ist wirklich spannend! Egal, ob Du nur eine Sonnenblume oder ein ganzes Beet voller Gemüse gesät hast: Pflanzen wachsen zu sehen, ist ein wahres Wunder.

Gärtnern kannst Du überall

Du brauchst weder viel Platz noch einen eigenen Garten, um selbst zu gärtnern. In einem Blumenkasten am Fenster kannst Du Kräuter für Pizza, Nudeln, Salate und Butterbrote pflanzen. Auch ein Erdbeertopf oder ein Hängekorb mit Tomaten wären eine gute Idee. Und denk daran, nach dem Pflanzen kommt die Ernte! Alles schmeckt viel besser und frischer als aus dem Supermarkt. Absolut super! Allerdings solltest Du Dir täglich etwas Zeit nehmen, denn Pflanzen brauchen Wasser, Dünger und viel Liebe.

Kleiner Helfer für die Umwelt

Wenn Du den Boden umgräbst oder Steine und Unkraut entfernst, kommen sofort die Vögel und picken in der frischen Erde nach Futter. Mit bestimmten Blütenpflanzen kannst Du Bienen, Schmetterlinge und andere nützliche Insekten in Deinen Garten locken. Sie verbreiten den Pollen, den Samen und fressen Schädlinge. Wenn Du der Natur hilfst, arbeitet sie für Dich.

Biogärtnern macht Spaß

Auch wenn die Natur ganz gut allein zurechtkommt, mit Deiner Hilfe geht es noch besser. Spare so viel Wasser wie möglich. Gib dem Boden nur das Wasser zurück, das die Pflanzen verbrauchen. Auch ein Komposthaufen ist eine tolle Sache. Bei Euch ist kein Platz? Vielleicht darfst Du in der Schule oder im Garten eines Freundes einen Komposthaufen anlegen. Alle Pflanzenabfälle aus der Küche oder dem Garten sollten dort landen. Außerdem zeigen wir Dir, wie Regenwürmer Dünger für Dich herstellen!

Nun bist Du ein Gärtner

Wenn Du Dein erstes eigenes Obst und Gemüse erntest, wirst Du feststellen, wie viel Spaß es macht zu gärtnern. Außerdem kannst Du Deinen Freunden etwas von Deiner Ernte abgeben und Jungpflanzen verschenken, damit auch andere ihre Freude daran haben. Regelmäßig im Garten zu ernten, zu graben und zu wühlen, macht Dich und Deine Freunde glücklich und ernährt Euch gesund. Es gibt keine bessere Möglichkeit, die Natur zu erleben.

Willkommen in der wunderbaren Welt des Gärtnerns!

Chris

Zusammen mit Freunden macht die Gartenarbeit besonders viel Spaß!

Fang klein an: Säe ein paar Samen in einer Kiste aus.

Werde ein großartiger Gärtner

Dein eigenes Beet anlegen

Gemüsepflanzen im Garten nehmen Dir ziemlich viel Arbeit ab: Sie holen sich mit den Wurzeln Wasser und Nährstoffe aus dem Boden. Daher solltest Du auch verstehen, was im Gartenboden abläuft.

Der beste Platz für Dein Beet

Vermutlich kannst Du Dein Gemüsebeet nicht dort anlegen, wo Du es möchtest. Aber versuche dennoch ein paar Dinge zu beachten. Die meisten Gemüse lieben die Sonne, also wäre ein sonniges Plätzchen nicht schlecht. Da sie keinen Wind mögen, sollte das Beet geschützt liegen, und Du sparst viel Arbeit, wenn ein Wasserhahn in der Nähe ist – Gemüse möchte regelmäßig gegossen werden. Schließlich sind da noch andere große Pflanzen und Bäume: Ihre Wurzeln nehmen dem Gemüse die Nährstoffe weg. Direkt neben einem Baum wäre ein schlechter Platz.

Klebrige Erde enthält viel Ton, krümelige Erde viel Sand.

Was hast Du für einen Boden?

Nimm eine Handvoll Erde und drücke sie fest zusammen. Wenn sie sich glatt und klebrig anfühlt, besteht der Boden aus Ton. Fühlt sie sich körnig und sehr locker an, ist es sandiger Boden. Der ideale Gartenboden ist weder zu tonig noch zu sandig. Suche Pflanzen aus, die zu Deinem Boden passen. So mögen zum Beispiel viele Kräuter sandigen Boden und einige Obstbäume bevorzugen eher tonige Erde.

Wie groß ist ein Beet?

Dein Gemüsebeet sollte nur so groß sein, dass Du von allen Seiten bis in die Mitte greifen kannst. In größeren Beeten solltest Du in der Mitte einen Weg anlegen, damit Du nicht auf der Erde herumtrampeln musst. Achte auch darauf, dass der Weg breit genug für eine Schubkarre ist.

Gehe über das Beet und tritt die Erde für Deinen Weg fest.

Gärtnerwissen

CHRIS ERKLÄRT: BODEN

Jeder Boden ist anders und hat gute und schlechte Eigenschaften. Tonboden ist dicht, er hält Nährstoffe (das Futter für die Pflanzen) besser fest, ist aber schwer umzugraben. Sandboden ist sehr locker, die Wurzeln dringen leicht ein und überschüssiges Wasser versickert zügig. Andererseits werden die Nährstoffe schnell ausgewaschen und er trocknet leichter aus. Die Beschaffenheit von Sandboden verbessert sich, wenn Du viel Kompost einarbeitest.

So bereitest Du Dein Beet vor

Ehe Du etwas pflanzen kannst, muss der Boden so gut wie möglich vorbereitet werden. Grabe die Erde um und entferne das Unkraut. Das lockert den Boden auf, er wird durchlässiger und nimmt mehr Wasser auf. Dann rechst Du die größeren Steine ab, die beim Umgraben nach oben gekommen sind und drückst die Erde an: Laufe vorsichtig über Dein Beet, bis es überall glatt ist.

Geniale Gartenabfälle

Gartenabfälle zu sammeln, in Kompost zu verwandeln und auf Deinem Beet auszubringen, hilft dem Boden, in Topform zu bleiben. Allerdings darfst Du zur Kompostbereitung nicht alle Garten- und Küchenabfälle verwenden.

Selbst gemachter Kompost ist super und kostet nichts!

Gute Zutaten mischen

Guter Kompost kann sich nur aus guten Zutaten bilden, die luftig aufgeschichtet werden. Sonst entsteht matschiger, stinkender Abfall. Mische deshalb immer Pflanzenmaterial, das schnell verrottet (Gras, Küchenabfälle) mit solchem, das langsam verrottet und viel Luft in den Komposthaufen lässt (Stroh, Zweige, Pappe).

Einen Komposthaufen bauen

Natürlich kannst Du alle Gartenabfälle einfach auf einen großen Haufen werfen, aber ein richtiger Kompostbehälter sieht hübscher aus und funktioniert besser. Darin bildet sich Wärme, und Wärme beschleunigt die Verrottung. Ein selbst gebauter Kompostbehälter aus Holzlatten ist sehr praktisch, da viel Luft eindringen kann.

Abgedeckter Kompost wird wärmer, der Inhalt verrottet schneller.

Kompost umsetzen

Um schneller guten Kompost zu bekommen, musst Du den Haufen nach ein paar Monaten umschichten. So dringt mehr Luft ins Innere und die Wärme verteilt sich besser. Los geht's: Öffne Deine Kompostbox, räume dann den gesamten Kompost aus und fülle ihn anschließend wieder ein – puuh!

Was darf auf Deinen Kompost? Gute und schlechte Zutaten

Gut	Schlecht
Blätter	Gekochtes Essen
Gras vom Rasenmähen	Obst
Rohe Gemüseschalen	Eier
Dünne Zweige und Stroh	Fleisch
Zeitungen, Pappe	Dicke Baumäste
	Plastik

Kompost verteilen

Wenn der Kompost fertig ist, wird er im Garten verteilt. Trage ihn im Eimer zum Beet, schütte ihn auf die Erde und arbeite ihn mit einer Grabegabel in den Boden ein. Kompost wirkt wie eine große Dosis Vitamine – er bringt den Boden in Bestform.

Selbst gemachter Kompost ist gesunde Nahrung für Deinen Garten.

Ein Hochbeet für Dich

Wenn Du einen schlechten Gartenboden hast oder ein Stück Garten ganz für Dich alleine möchtest, wäre ein Hochbeet perfekt. Fülle es mit Kompost oder Blumenerde auf, die Du im Gartencenter kaufen kannst.

Gemeinsam macht Gartenarbeit viel mehr Spaß als allein.

1 LEGE DEN BODEN DEINES HOCHBEETES dick mit Pappe aus. Unter der Pappe gehen alle Unkräuter und das Gras kaputt. Fülle das Hochbeet mit dem Kompost und reche alle Steine oder groben Stücke heraus.

2 TRITT DIE ERDE FEST, um große Luftlöcher zu schließen. Auch wenn Du sofort loslegen möchtest, lass der Erde noch eine oder zwei Wochen Zeit. Dann hat sich der Inhalt Deines Hochbeetes gesetzt, vielleicht musst Du sogar etwas neue Erde nachfüllen.

Lass Dir beim Bau des Hochbeetes von einem Erwachsenen helfen, der gut basteln kann.

3 **DAMIT DIE PFLANZEN IN EINER GERADEN REIHE** wachsen, brauchst Du eine Schnur. Binde sie an beiden Enden an einen Stock. Drücke die Stöcke in die Erde und spanne die Schnur so straff wie möglich.

Ein Hochbeet bauen

Dazu legt ihr zuerst den Platz des Hochbeetes fest und stecht die oberste Erdschicht mit einem Spaten ab. Glättet die Fläche und prüft mit der Wasserwaage, ob sie gerade ist. Legt vier Bretter auf den Boden, bohrt Löcher durch die Enden und verschraubt die Bretter mit stabilen Schrauben oder hämmert die Ecken mit langen Nägeln zusammen. Ein Holzwinkel macht die Ecken stabiler. Wenn ihr das Hochbeet aus mehreren Bretterlagen übereinander baut, wird es höher. Hochbeete bekommt man aber auch als fertigen Bausatz im Baumarkt.

4 **IN EINEM HOCHBEET** ist die Pflege ganz einfach. Du kannst nicht aus Versehen in Dein Beet oder eine Pflanze treten und erreichst alles, ohne dich tief bücken zu müssen.

Kleine Gärten im Topf

Keine Sorge, Du kannst auch ohne einen „echten“ Garten säen und ernten. Viele Pflanzen wachsen bestens in Töpfen auf der Fensterbank oder dem Balkon. Vielleicht darfst Du sogar einen Schulgarten anlegen.

Suche Dir einen Topf

Nimm immer einen großen Topf. In kleinen Töpfen trocknet die Erde sehr schnell aus, daher kommen große Töpfe mit weniger Pflege zurecht. Selbstverständlich darf die Erde auch in großen Töpfen nicht austrocknen.

Keine nassen Füße

In feuchter Erde verfaulen die Wurzeln. Daher müssen alle Töpfe ein Loch im Boden haben, damit überschüssiges Wasser abfließen kann. Wenn der Topfboden geschlossen ist, bitte einen Erwachsenen, ein Loch hineinzubohren.

Die richtige Erde

In jedem Gartencenter und in vielen Supermärkten kannst Du Topferde von guter Qualität kaufen, in der Deine Pflanzen hervorragend wachsen.

Decke das Loch im Boden mit Scherben oder Steinen ab, damit das Wasser langsam abfließen kann.

Zerdrücke größere Kompostbrocken mit den Fingern.

Gärtnerwissen

CHRIS ERKLÄRT: PFLANZEN IN TÖPFEN

Pflanzen, die in Töpfen und nicht im Gartenboden wachsen, brauchen etwas mehr Pflege. Drücke die Topferde vor dem Säen oder Pflanzen gut fest, damit sie keine Lufttaschen mehr enthält. In dichter Erde verteilt sich das Wasser gleichmäßiger und wird besser von den Wurzeln aufgenommen. Fülle den Topf nie bis zum Rand mit Erde, sondern lasse zwei Fingerbreit Platz, damit das Gießwasser nicht überfließt.

Essbare Pflanzen für Töpfe

Tomaten	Erdbeeren
Chili	Zitrusbäumchen
Paprika	Kräuter
Auberginen	Buschbohnen (Zwergformen)
Möhren	Zucchini
Salate	Heidelbeeren
Frühlingszwiebeln	

Hängende Körbe

Tomaten oder Erdbeeren wachsen prima in Hängekörben, weil sie hängende Triebe bilden. Allerdings trocknet die Erde in Hängekörben sehr schnell aus – sie müssen häufiger gegossen werden als andere Töpfe.

Lustige Töpfe für umsonst

Sieh Dich zu Hause nach ungewöhnlichen Behältern um: Kisten, Zinnenwanne, die nicht mehr gebraucht werden, große Eimer und alte Küchensiebe eignen sich prima als Pflanzgefäße. Soll's witzig aussehen? Bepflanze doch ein Paar alte Gummistiefel!

Originelle Töpfe für wenig Platz

Viele Pflanzen wachsen bestens in Töpfen auf der Terrasse, dem Balkon und sogar auf der Fensterbank. Mit verrückten Pflanzgefäßen sieht das ganz toll aus.

Nutze den Platz auf der Fensterbank optimal aus.

Ein guter Topf

Nimm immer einen möglichst großen Topf, denn in kleinen Töpfen trocknet die Erde sehr schnell aus. Daher brauchen große Töpfe etwas weniger Aufmerksamkeit als kleine. Trotzdem solltest Du auf jeden Fall darauf achten, dass auch in großen Töpfen die Erde nie ganz austrocknet.

Töpfe als Hingucker

Suche für die Fensterbank unterschiedliche hübsche Töpfe aus. Da sie ständig im Blick sind, sollten sie sauberer sein als die draußen im Garten.

Die beste Erde für Deine Töpfe

In der richtigen Erde wachsen alle Pflanzen besser. Während die meisten Gemüse mit normaler Blumenerde (Topferde) zufrieden sind, brauchen manche Pflanzen aber besondere Erde. Heidelbeeren wachsen in Heideerde – sie lieben sauren Boden. Pflanzen, die länger in einem Topf wachsen sollen, wie Äpfel und Birnen, brauchen Erde mit höherem Lehmanteil. Bei ihnen musst Du jedes Jahr die oberste Erdschicht erneuern.

Stelle die Töpfe und Gefäße an einen Platz, wo Du sie gut erreichen und später die Früchte ernten kannst.

Hängekörbe

Kirschtomaten sind die perfekten Pflanzen für einen Hängekorb und sie nehmen nur wenig Platz ein. Außerdem haben Schnecken keine Chance, die bei Pflanzen auf der Erde gern die Blätter anknabbern. Hänge den Topf aber nicht in den Weg, damit sich niemand den Kopf stößt, und vergiss nicht, die Pflanzen regelmäßig zu gießen.

Verrückte Gefäße für Pflanzen

- Gummistiefel
- Alte Schuhe
- Schubkarre
- Alte Küchenutensilien
- Zinnwannen
- Saubere Konservendosen
- Holzkisten
- Küchensiebe

* Frage vor dem Bepflanzen, ob jemand die Sachen noch braucht!

Jetzt wird gepflanzt!

Werkzeuge für Gärtner

Zum Loslegen brauchst Du nicht viel. Werkzeuge für Erwachsene sind meist zu schwer, also ist es sicher eine gute Idee, entsprechendes Werkzeug passend für Deine Größe zu besorgen. Du könntest Dir zum Beispiel eine bunte Hand-Grabegabel oder -Schaufel zum Geburtstag wünschen.

Pikierholz. Das ist ein längliches Holzstäbchen, mit dem Du Löcher für Samen oder kleine Pflänzchen in die Erde bohren kannst. Das geht aber auch ganz gut mit einem Eisstiel, Bleistift oder einem stabilen Ästchen.

Halte immer einige Schildchen bereit und stecke sie sofort nach dem Säen oder Pflanzen in die Erde.

Handschuhe. Auch wenn Du Dir gerne die Hände schmutzig machst, sind Handschuhe manchmal sehr hilfreich. Einige Pflanzen haben Dornen und Brennnesseln können unangenehm auf der Haut brennen.

Stützen. Mit dünnen Ästen aus Holz (oder Plastikstäben) können Erbsen und andere Kletterpflanzen abgestützt werden.

Schildchen. Schreibe Dir immer auf, welche Pflanze Du gesät oder gepflanzt hast – am besten sofort. Du kannst fertige Schildchen oder auch flache Eisstiele in die Erde stecken.

Gießkanne. Alle Pflanzen brauchen Wasser, vor allem, wenn sie noch jung sind. Gieße sie mit einer Gießkanne mit Brause (Tülle). So fließt das Wasser nicht im dicken Strahl, sondern als feiner „Regen" auf die Pflanzen. Nimm die Tülle ab, wenn Du um größere Pflanzen herumgießt.

Spaten. Mit dem Spaten kannst Du Löcher graben, Pflanzen ausbuddeln und die Erde umgraben und lockern. Auch kleine Mengen Kompost lassen sich gut auf dem Spaten transportieren.

Grabegabel. Auch mit einer Grabegabel wird umgegraben. Für verunkrautete Flächen ist sie sogar besser geeignet als ein Spaten, da Du so zum Beispiel lästige Wurzelunkräuter besser ausgraben kannst.

Pflanzschaufel. Diesen Minispaten kannst Du locker in einer Hand halten. Das Schäufelchen ist perfekt für die Arbeit in Töpfen oder um kleine Löcher zu graben.

Hand-Grabegabel. Das ist eine Miniversion der Grabegabel. Sie wird benutzt, um die Erde um eine Pflanze herum aufzulockern.

Rechen. Mit dem Rechen glättest Du die Erde auf einem Beet und entfernst die Steine.

Suche nach einem Spaten, der kleiner ist als die Werkzeuge für Erwachsene. Es gibt sogar welche zu kaufen, bei denen Du den Stiel auswechseln kannst, wenn Du größer wirst.

Die Pflanzschaufel wird Dein bester Freund werden. Damit kannst Du unheimlich viel erledigen.

Die Hand-Grabegabel ist genauso groß wie die Pflanzschaufel und wird benutzt, um zum Beispiel widerspenstige Wurzeln aus Töpfen zu hebeln.

Mit dem Rechen werden Steine aus einem neuen Beet entfernt, der Boden geglättet und Erdbrocken zerkleinert.

Natürlich geht es auch ohne Hacke, aber sie ist sehr praktisch zum Unkraut entfernen oder um Erde zu verschieben.

Suche auch nach einem Hand-Rechen; er ist sehr hilfreich, wenn Du auf einer kleinen Fläche gärtnerst.

Sprühflasche. Für sehr kleine Pflänzchen eignet sich eine Sprühflasche besser als eine Gießkanne, weil ihr feiner Wassernebel die Pflänzchen nicht wegschwemmt.

Aussaatschalen. Benutze diese Schalen aus Holz oder Plastik für die Aussaat. Fülle eine Schale mit Erde und säe die Samen auf der geglätteten Oberfläche aus.

Töpfe. Sonnenblumenkerne kannst Du direkt in einen Topf mit Erde stecken.

Sieb. Samen brauchen feine Erde. Mit dem Gartensieb kannst Du große Klumpen aus Deiner Erde heraussieben.

Schnur. Mit einer Gartenschnur kannst Du gerade Linien zum Säen ziehen, Kletterpflanzen festbinden oder Bambusstangen zu einem Tipi zusammenbinden.

Samen drinnen aussäen

Da der Gartenboden im Frühling noch zu kalt ist, werden die Samen im Haus ausgesät. Die Pflänzchen kannst Du ins Freie umsetzen, wenn es wärmer wird.

Samenschale oder Topf?

Kleine Samen säst Du besser in Schalen und pflanzt die Jungpflanzen in Töpfe um, sobald sie groß genug sind. Große Samen, wie die Bohnen unten, darfst Du zu Beginn des Frühlings direkt in Töpfe stecken. Da sie keine kalte Erde mögen, bleiben alle Pflänzchen im Haus, bis der Gartenboden wärmer geworden ist. Zum Säen brauchst Du spezielle „Aussaaterde". Sie ist feiner als normale Topferde und enthält keinen Dünger, damit die Wurzeln sich auf der Suche nach Nährstoffen gut entwickeln.

Fülle die Töpfchen locker mit Aussaaterde.

Was steht auf der Samentüte?

Jeder Samen ist anders: Einige müssen auf der Erde liegen, andere werden leicht mit Erde bedeckt oder tiefer versenkt. Lies Dir sorgfältig durch, was auf der Samenpackung steht.

Säen aus der Hand

Schütte die Samen zuerst in Deine Hand. Wenn die Samenkörner groß sind, legst Du eines oder zwei auf die Erde; sie sollten rundum gleich viel Platz haben. Dann drückst Du sie vorsichtig 2 cm tief in die Erde und streust etwas Erde über die Löcher.

Ein paar besonders leckere Pflanzen wie Tomaten und Gurken müssen im Haus ausgesät werden.

Samen behutsam angießen

Sobald die Samen in der Erde sind, brauchen sie Wasser. Ein zu kräftiger Wasserstrahl würde die Samenkörner auswaschen, also benutze eine Gießkanne mit Brause mit möglichst kleinen Löchern. Du kannst die Samenschale aber auch eine halbe Stunde vor dem Säen in ein Becken mit Wasser stellen. Die Schalen und Töpfe gehören auf eine helle Fensterbank oder in ein Gewächshaus, bis die Samen keimen.

Markiere die Samen und lasse sie an einem hellen Fenster wachsen.

Samen draußen aussäen

Direkt im Beet vom Samen zum Gemüse.

Die Samen gleich draußen ins Beet zu säen, ist natürlich viel einfacher als Säen im Haus. Viele Samen sind robust genug und vertragen die Bedingungen im Freien (viele Salate, Möhren und Bohnen), andere sind zu empfindlich. Genaues steht auf der Samenpackung.

Bevor es losgeht

Bevor Du etwas aussäen kannst, musst Du das Beet von Unkräutern befreien. Sie nehmen Deinen Pflanzen Licht, Wasser und Nährstoffe weg. Je weniger Unkräuter im Beet wachsen, desto besser sind die Startbedingungen für Deine Pflanzen.

Eine Reihe ziehen

Samen in einer Reihe zu säen, ist keine Frage der Ordnung, sondern hilft Dir dabei, Unkräuter zu erkennen, denn die wachsen meist nicht in einer Reihe. Spanne eine Schnur an zwei Stöcken schön gerade über das Beet. Daran entlang machst Du mit einer Pflanzschaufel Löcher oder ziehst eine Rille (Gärtner sagen „Saatfurche“) in den Boden.

Stecke einen Stock in die Erde und spanne dann die Schnur mit dem zweiten stramm.

Mit dem richtigen Abstand

Schütte ein paar Samenkörner in Deine Handfläche und nimm mit den Fingerspitzen der anderen Hand immer einige heraus. Streue sie so gleichmäßig wie möglich in die Furche. Meist steht auf der Packung, wie eng Du die Samen ausstreuen musst.

Samen zudecken und gießen

Decke die Samen leicht mit Erde zu und lass aus einer Gießkanne mit feiner Brause vorsichtig Wasser über die Furche fließen. Stecke sofort ein Schildchen in die Erde, damit Du nicht vergisst, was später aus dem Boden kommt.

Minipflanzen ausdünnen

Auch wenn Du noch so dünn säst, musst Du meistens ein paar Pflänzchen ausreißen, damit die anderen mehr Platz haben und sich besser entwickeln. Ziehe vorsichtig so viele Pflänzchen aus der Saatreihe, dass die stehen gebliebenen alle den gleichen Abstand zueinander haben. Dünne die Pflanzen aus, solange sie noch klein sind und wässere danach gründlich.

Gärtnerwissen

CHRIS ERKLÄRT: AUSDÜNNEN

Man sät immer mehr Pflanzen aus, als man später ernten kann. Beim Ausdünnen werden die schwächeren Exemplare entfernt, damit sich die stärkeren besser entwickeln. Nur so werden aus den Samen große, gesunde Pflanzen. Ausgerissene Salatpflänzchen kannst Du auf ein Butterbrot streuen, die Möhrenpflänzchen gehören auf den Kompost.

Auch wenn es Dir schwerfällt, aber ein paar Minipflanzen müssen raus. Nur dann können sich die restlichen optimal entwickeln.

Kümmere Dich um Deine Pflanzen

Sobald die ersten grünen Spitzen der Pflanzen aus der Erde ragen, musst Du sie gut pflegen, damit sie kräftige Blätter und Wurzeln bilden.

Pflänzchen voneinander trennen

Junge Pflänzchen, die von der dichten Aussaatschale in einen eigenen Topf umziehen, werden vereinzelt oder „pikiert“. Wenn sich die ersten größeren Blätter zeigen, geht's los: Halte die Pflänzchen vorsichtig an den Blättern fest (niemals am Stängel) und drücke den Pikierstab (ein Bleistift oder Eisstiel tut es auch) neben dem Stängel in die Erde. Lockere die Wurzeln und ziehe die Pflanze mit der Wurzel heraus.

Sämlinge brauchen viel Pflege, vor allem wenn sie noch sehr jung sind.

Gärtnerwissen

CHRIS ERKLÄRT: JUNGPFLANZEN

Manche Jungpflanzen, wie Gurken oder Tomaten, vertragen keine Kälte. Die Samen solcher „empfindlichen“ Pflanzen müssen im Haus gesät werden. Es gibt aber auch robustere Pflanzen, die etwas kälteres Wetter vertragen. So können zum Beispiel Radieschen oder Salat direkt ins Beet gesät werden. Auf dem Samentütchen steht, ob der Samen zunächst drinnen oder im Garten gesät wird.

Bereite den Umzug Deiner Pflanzen vor

Fülle einen kleinen Topf mit Erde und klopfe ihn vorsichtig auf den Tisch, damit sich die Erde setzt. Bohre mit dem Pikierholz ein Loch hinein; es muss so groß sein, dass die Wurzel der Sämlinge hineinpasst. Setze das Pflänzchen vorsichtig ein. Auf dem Bild werden sie in selbst gemachte Töpfe aus Zeitungspapier gepflanzt (auf den Seiten 76 und 77 findest Du die Anleitung).

Wenn Du kein Pikierholz hast, kannst Du genauso gut einen Zweig oder Bleistift nehmen.

Ein neues Zuhause für junge Pflanzen

Drücke die Erde mit dem Finger vorsichtig fest, ohne den empfindlichen Stängel zu beschädigen. Gieße die Pflänzchen dann vorsichtig an. Nimm eine Gießkanne mit feinem Brausekopf oder bitte einen Erwachsenen sehr kleine Löcher in den Deckel eines Marmeladenglases zu bohren – ein cleveres Gießglas!

Ziemlich frisch da draußen

Würde eine Pflanze aus dem warmen Haus direkt in den kühlen Garten kommen, hätte sie Stress. Daher musst Du sie langsam „abhärten“. Zum Ende des Frühlings dürfen die Pflanzen an warmen Tagen für eine Stunde ins Freie. Wenn die Sonne untergeht, holst Du sie zurück ins Haus. Nach und nach dürfen sie länger draußen bleiben. Nach einer Woche vertragen sie die kühle Nacht an einem geschützten Platz draußen und ein paar Nächte später, kannst Du sie an ihren endgültigen Platz pflanzen.

Gießen für schlaue Gärtner

Wenn Du zur richtigen Zeit und clever gießt, sparst Du viel Wasser und hilfst Deinen Pflanzen beim Wachsen. Außerdem lieben Pflanzen Regenwasser. Warum also nicht Regenwasser in einer Tonne sammeln. Gleichzeitig tust Du damit etwas für unsere Umwelt.

Wann gießen?

Versuche Deine Pflanzen immer morgens oder abends zu gießen. Mittags ist es zu heiß; dann verdunstet viel Wasser, bevor es bis zu den Wurzeln sickern kann. Basilikum ist die einzige Pflanze, die niemals abends gegossen werden sollte, denn Basilikum mag es nicht, mit nassen Füßen zu Bett zu gehen. Salat, Zucchini und andere Gemüse schimmeln ebenfalls, wenn ihre Blätter nachts feucht werden. Du solltest sie unbedingt morgens gießen, damit die Blätter bis zum Abend völlig abtrocknen.

Wo gießen?

Es gibt einen Trick, damit Topfpflanzen genau die Wassermenge bekommen, die sie brauchen: Du gießt das Wasser nicht von oben auf die Erde, sondern in einen Untersetzer, in dem der Topf steht. Die Wurzeln saugen das Wasser an und versorgen die restliche Pflanze. Schau nach einer guten Stunde nach, ob das Wasser weg ist, und gieße das überschüssige Wasser ab.

Die Wurzeln saugen nur das Wasser an, das die Pflanze auch braucht.

Es ist besser, das Gemüsebeet einmal wöchentlich kräftig zu gießen als täglich immer nur ein bisschen.

Regenwasser sammeln

Es gibt spezielle Regentonnen, um das Regenwasser aufzufangen. Wasser ist kostbar, wir sollten versuchen, so viel wie möglich davon zu sammeln. Wenn ihr keine Regentonne habt, kannst Du auch gebrauchtes Wasser aus der Küche verwenden; es darf aber weder ölig noch seifig sein!

Wie viel Wasser ist genug?

Bei Topfpflanzen solltest Du genau schauen, ob Deine Pflanzen durstig sind. Auch wenn die Oberfläche der Erde trocken ist, kann sie im Topf noch feucht genug sein. Stecke Deinen Finger in den Topf und fühle, ob die Erde trocken oder feucht ist. Gegossen wird nur, wenn sich die Erde trocken anfühlt.

Pflanzen brauchen Dünger, aber kein Unkraut

Pflanzen brauchen viel „Futter", um ordentlich zu wachsen. Gärtner nennen Pflanzenfutter Nährstoffe oder Dünger. Zwar enthält jeder Boden Nährstoffe, aber die Pflanzen „essen" sie rasch auf. Wenn Du Dünger ausstreust, gibst Du dem Boden die Nährstoffe zurück. Unkräuter sind Konkurrenten um Licht, Wasser und Nährstoffe – also raus mit ihnen!

Coole Tricks gegen Unkraut

Mit einer Hacke kannst Du größere Flächen unkrautfrei machen. Mit ihr hackst Du den grünen Teil der Unkräuter ab. Für die Arbeit zwischen den Pflanzen eignet sich eine Hand-Grabegabel besser. Damit hebelst Du das Unkraut aus der Erde, ohne die empfindlichen Wurzeln Deiner Pflanzen zu verletzen. Jäte das Unkraut an einem sonnigen Tag und lasse es auf dem Beet liegen. So vertrocknet es und wächst nicht mehr an.

Grabe immer die ganze Wurzel aus.

Gärtnerwissen

CHRIS ERKLÄRT: ORGANISCHER DÜNGER

Es gibt sehr unterschiedliche Dünger, jeder mit besonderen Eigenschaften. Flüssigdünger werden mit Wasser vermischt. Algendünger zum Beispiel sprühst Du auf die Blätter. Er enthält Magnesium und Eisen, das die Pflanzen brauchen, um den grünen Blattfarbstoff (Chlorophyll) zu machen. Mit Hilfe von Chlorophyll stellen sie eigene Nährstoffe her. Knochenmehl und andere organische Dünger versorgen den Boden unter anderem mit Stickstoff für die Blätter und Phosphor für die Wurzeln.

Achte auf die Blüten!

Einige Unkräuter breiten sich mit unterirdischen Wurzeln (Ausläufern) aus. Du musst diese Wurzeln ausgraben. Andere verbreiten sich mit Samen. Wenn Du also Unkräuter mit Blüten siehst, musst Du schauen, dass Du sie als Erstes loswirst.

Wenn Du regelmäßig gießt und düngst, bleiben Deine Pflanzen garantiert gesund.

Flüssiges Futter

Mit einem Schuss Dünger aus der Gießkanne gönnst Du den Pflanzen alle paar Wochen einen „Powerdrink". Mische den Flüssigdünger mit Wasser und gieße ihn direkt um die Pflanzen – er wird sofort von den Wurzeln aufgenommen. Fester Dünger arbeitet langsamer, „füttert" die Pflanzen aber über eine längere Zeit. Blumenerde enthält manchmal festen Dünger, Du kannst aber auch Düngerstäbchen in die Erde stecken.

Messe den Flüssigdünger genau ab. Bitte ruhig einen Erwachsenen um Hilfe.

Manche Flüssigdünger werden mit der Sprühflasche auf die Blätter gesprüht.

Eine Extragabe für Deine Töpfe

Die Erde im Blumentopf verliert ihre Nährstoffe schneller als der Gartenboden. Daher müssen Topfpflanzen einmal wöchentlich gedüngt werden. Außerdem solltest Du im Frühling eine Schicht Kompost auf jedem Topf verteilen.

Obst und Gemüse – alles selbst geerntet!

Das Beste am Gärtnern ist das Ernten. Dann kannst Du alles essen, was Du selbst gesät und gepflanzt hast. Obst und Gemüse schmecken viel besser, wenn Du sie selbst erntest. Alles ist frischer und viel aromatischer als aus dem Supermarkt.

Erst ernten, wenn alles reif ist

Obst und Gemüse aus dem Supermarkt werden schon unreif geerntet, denn sie müssen ohne Druckstellen in die Supermärkte transportiert werden. Dort lagern sie noch eine Zeit lang und sollen dabei gut aussehen, denn die Kunden kaufen nur „schöne" Sachen. Aber Obst und Gemüse, das nicht an der Pflanze ausreifen durfte, kann niemals so aromatisch schmecken wie frisch nach der Ernte. Daher solltest Du geduldig abwarten, bis alles wirklich pflückreif ist – der „Transport" bis zur Küche ist nicht weit – und das tolle Aroma und den Geschmack Deiner Ernte genießen.

Ernte unter der Erde

Gemüse wie Rote Bete oder Möhren heißen „Wurzelgemüse", weil man nur den unterirdischen Teil isst. Wenn Du sie im Sommer erntest, sind sie noch klein und sehr zart. Die größeren Wurzeln werden im Herbst oder Winter geerntet. Buddele also nicht alle Möhren auf einmal aus. Hole im Sommer mit der Hand-Grabegabel etwa jede dritte oder vierte Möhre aus einer Reihe. So haben die anderen mehr Platz, um dicker zu werden. Die zarten Sommermöhren kannst Du sofort essen, der Rest darf bis zum Herbst weiterwachsen.

Knackigen Salat ernten

Salat schmeckt am besten, wenn er möglichst frisch gegessen wird. Salat bleibt nur am Erntetag frisch und knackig; nach einer Nacht im Kühlschrank sind die Blätter schlaff und längst nicht mehr so lecker. Schneide die Salatblätter einzeln mit einer Schere ganz weit unten an der Pflanze ab. Ideal dafür sind die „Pflücksalate", die immer wieder neue Blätter bilden und lange Zeit wachsen.

Naschen, direkt von der Pflanze

Viele Gemüse verlieren nach der Ernte immer mehr an Geschmack. Sie werden härter oder bauen den vorhandenen natürlichen Zucker ab. Auch Obst schmeckt am besten, wenn es gleich nach dem Pflücken gegessen wird – außer Birnen, die noch nachreifen.

Frische Erbsen schmecken lecker süß!

Tolles Obst und Gemüse für Dein Beet

Jetzt kommen die einfachsten und leckersten Obst- und Gemüsesorten. Wenn Du noch nicht weißt, was Du anpflanzen sollst, geben Dir die folgenden Seiten tolle Ideen. Natürlich kannst Du auch alle anderen Sorten ausprobieren, die Dich interessieren.

Zuckererbsen

Die knackigen grünen Hülsen kannst Du ganz und gar aufessen, solange sie jung und süß sind.

Kürbis

Kürbisse reifen im Sommer zu Riesenfrüchten heran. Sie werden im Herbst geerntet. Du kannst das Fruchtfleisch roh essen oder braten – schmeckt nussig-süß – und große Kürbisse zu Halloween aushöhlen.

Kartoffeln

Die Kartoffeln aus dem Garten schmecken viel leckerer als gekaufte aus dem Supermarkt, und das Ausgraben der ersten Frühkartoffeln ist jedes Mal aufregend wie eine Schatzsuche.

Knoblauch

Mit eigenem Knoblauch schmecken Pizza und Nudelsoßen mindestens doppelt so gut.

Süße Zuckererbsen frisch von der Pflanze schmecken einfach super.

Knoblauch lässt sich extrem einfach kultivieren.

Die Kartoffelernte hat etwas von einer Schatzsuche.

Vollreife Kirschtomaten schmecken super.

Maiskolben anbauen und aufessen macht großen Spaß.

Kirschtomaten

Sie gehören zu den Superstars im Garten. Nichts schmeckt leckerer als vollreife, frische Tomaten aus dem eigenen Garten.

Gurken

Pflanze Sorten mit kleinen Früchten, die im Freien oder in einem Gewächshaus wachsen.

Möhren

Am besten schmecken junge Möhren im Sommer, solange sie noch zart und klein sind. Möhren wachsen in tiefen Töpfen genauso gut wie im Garten.

Dicke Bohnen

Ernte die Bohnen, wenn sie jung und zart sind. Das Herausnehmen der Bohnen aus der Samenschote ist interessant, da das Innere der Schote ganz flauschig ist.

Zuckermais

Maiskolben schmecken super, wenn sie gleich nach der Ernte gekocht und gegessen werden. Gegrillte Maiskolben sind besonders köstlich.

Salat

Salate kannst Du fast das ganze Jahr über pflanzen und ernten. Manche schmecken sehr mild, andere sind eher würzig.

Basilikum

Frische Basilikumblätter werden auf eine Pizza gestreut oder zerrupft und in Nudelsoßen gemischt.

Rosmarin

Rosmarin ist ein Strauch mit nadelartigen Blättern. Sie geben ein tolles Aroma ab, wenn Du ein Zweiglein im Kochtopf mitkochst.

Erdbeeren – es gibt nichts Besseres!

Sonnenblumen wachsen sehr schnell und werden definitiv die größten Blumen in Deinem Garten.

Pfefferminze

Magst Du den Geschmack von Zahnpasta oder Kaugummi? Dann wirst Du Minze lieben. Die frischen Blättchen werden über Salate, Kartoffeln oder Beeren gestreut.

Thymian

Thymian ist ein typisches Gewürz für italienische Gerichte und Pizza. Ohne Thymian wäre eine Nudelsoße keine richtige Soße.

Heidelbeeren

Heidelbeeren schmecken frisch gepflückt genauso köstlich wie im Kuchen oder in Muffins. Leider kannst Du sie nur etwa zwei Wochen lang im Sommer ernten.

Erdbeeren

Warte ab, bis die Erdbeeren eine leuchtend rote Farbe bekommen haben, bevor Du sie isst – auch wenn es schwierig ist.

Himbeeren

Himbeeren sind problemlose Beerensträucher. Sie tragen vom Sommer bis in den Herbst Unmengen köstlicher Früchte.

Essbare Blüten

Es gibt zwar viele Pflanzen mit essbaren, aber auch eine ganze Menge mit ungenießbaren Blüten. Frage einen Erwachsenen, bevor Du eine unbekannte Blüte isst. Auf der sicheren Seite bist Du mit Ringelblumen, Veilchen, Kapuzinerkresse und Schnittlauch. Sie sind essbar, machen Salate bunt und sehen hübsch auf Deinem Teller aus.

Sonnenblumen

Sonnenblumen sehen mit ihren riesigen Blüten großartig aus. Du kannst die Samen in der Pfanne rösten und essen. Wie wäre es mit einem Wettbewerb unter Freunden: Wer hat die höchste Sonnenblume?

Klasse Projekte für Deinen Garten

Ein Kasten mit Kräutern

Ein Blumenkasten an einem sonnigen Fenster ist der ideale Platz für Kräuter. Er muss aber unbedingt sicher befestigt werden, damit er nicht runterfällt und jemanden verletzt.

Gärtnerwissen

CHRIS ERKLÄRT:
TROCKENE FÜSSE MIT KIES

Du kannst eine Menge über Pflanzen lernen, wenn Du Dir anschaust, woher sie ursprünglich kommen. Thymian, Rosmarin und auch andere Kräuter kommen zum Beispiel aus dem heißen und trockenen Mittelmeerraum. Dort ist der Boden sehr steinig, wodurch das Wasser schneller versickert und er leichter austrocknet. Das ist auch der Grund, warum viele Kräuter keine nassen Füße mögen. Wenn Du der Erde Kieselsteine beimischst, läuft das Wasser schneller ab und die Wurzeln fühlen sich wohl.

1 DECKE DIE WASSERLÖCHER IM BODEN mit Tonscherben oder Steinen ab. So kann das überschüssige Wasser gut abfließen und die Erde wird nicht ausgewaschen. Fülle dann den Kasten zur Hälfte mit Erde und mische ein paar Handvoll feinen Kies darunter. Drücke zum Schluss die Erde leicht an.

2 DRÜCKE DIE PFLANZEN aus ihren Töpfchen und stelle sie in den Kasten. Rücke die Pflanzen so lange hin und her, bis Dir ihre Anordnung im Kasten gefällt. Pflanzen mit kriechenden Trieben gehören an den Rand, hohe sehen in der Mitte besser aus. Minze und Basilikum bleiben besser in ihren Töpfen. Die Minze würde den ganzen Topf erobern und Basilikum muss vorsichtiger gegossen werden.

3 WENN ALLE PFLANZEN an der für Dich richtigen Stelle stehen, füllst Du die Lücken mit einem Erde-Kies-Gemisch auf und drückst sie rund um die Wurzelballen mit den Fingern fest. Zwischen der Erde und dem Rand des Kastens sollten ein paar Zentimeter Platz bleiben.

4 JETZT WERDEN DIE PFLANZEN gegossen und der Kasten auf eine breite Fensterbank gestellt. Auf schmalen Fensterbänken muss der Kasten mit Klammern befestigt werden. Er darf auf keinen Fall abrutschen und jemanden verletzen. Vergiss nicht, den Kasten regelmäßig zu gießen.

5 DAS BESTE AN KRÄUTERN IST, dass sie es toll finden, geerntet zu werden. Sobald Du die frischen Blätter und Zweiglein abschneidest, bildet die Pflanze unermüdlich neue Triebe und wächst dichter. Die Ausnahme ist Schnittlauch. Er wächst eher wie Gras. Du solltest die Stängel mit der Schere immer ganz unten abschneiden.

Lecker!

Leckere Pastasoße. Mische der Tomatensoße für die Nudeln (Pasta) ein paar frische Basilikumblätter bei.

Dip mit Schnittlauch. Quark oder Joghurt mit Schnittlauch geht schnell und schmeckt sehr gut.

Salate ohne Ende

Bei Pflücksalaten wird nicht der ganze Kopf abgeschnitten, sondern immer nur so viele Blätter, wie Du gerade brauchst. Da die Blätter nachwachsen, musst Du nur einmal säen, kannst aber mehrfach ernten. Versuch doch mal, Deinen Namen in „Salatschrift“ zu schreiben oder probiere ein Muster aus.

Mit einem Gartensieb werden Steine und Erdklumpen ausgesiebt.

1 FÜLLE EINEN BLUMENKASTEN bis fast zum Rand mit Blumenerde. Streue mit Sand Deinen Namen oder ein Muster auf die Erde.

2 SCHÜTTE EINIGE SAMENKÖRNER in die Handfläche und streue sie mit den Fingern der anderen Hand auf die Sandlinien. Decke die Samen mit Erde ab; dann vorsichtig gießen.

3 **SOBALD SICH DIE ERSTEN PFLÄNZCHEN** zeigen, werden sie ausgedünnt. Zupfe so viele Keimlinge aus, bis die restlichen 5 cm Abstand von ihren Nachbarn haben. Den „Abfall" kannst Du einfach aufessen.

Wenn Du regelmäßig einige Blätter erntest, wachsen schnell neue nach.

4 **ERNTE MIT EINER SCHERE** und schneide nur so viele Blättchen ab, wie Du essen möchtest. Tipp: Fülle die Spüle oder eine große Schüssel mit Wasser und ein paar Eiswürfeln. Lege die Blättchen für 10 bis 20 Minuten ins Wasser. So saugen sie sich voll und schmecken besonders knackig.

Salate für das ganze Jahr

Wenn Du die richtigen Sorten aussäst, kannst Du das ganze Jahr über Salat ernten. Wintersalate sind zwar ziemlich robust, schmecken aber besser, wenn sie unter einem Schutz wachsen. Dafür eignen sich Folientunnel oder Glasglocken. Oder steht in Eurem Garten sogar ein Gewächshaus?

Frühling: Erbsensprossen, Baby-Spinat
Sommer: Basilikum und viele Salatsorten
Herbst und Winter: Asiasalate, winterharte Blattsalate (im Gewächshaus oder unter Abdeckung)

Sprossen und Mini-Salate

Um leckeres Grün zu ernten, brauchst Du keine helle Fensterbank. Sprossen keimen im Zimmer und können direkt geerntet werden. Andere Sorten eignen sich prima als Mini-Salate.

Du brauchst eine flache Schale und unbedruckte Küchentücher aus Papier.

Mini-Salat aussäen

Damit Kresse grüne Blättchen bildet, braucht sie jede Menge Licht. Lass die Samen über Nacht in Wasser quellen, dann verteilst Du sie in einer flachen Schale auf feuchten Küchentüchern aus Papier. Sie wachsen ohne Erde. Stelle die Schale innen auf die Fensterbank und halte das Papier feucht, sobald sich die ersten Wurzeln zeigen.

Einige Sorten werden nicht sofort gesät, sondern müssen über Nacht in Wasser quellen.

Verteile die Samen möglichst gleichmäßig: Tippe mit dem Finger auf die Handfläche.

Sprossen aus dem Glas

Bis sie grüne Blättchen bilden, brauchen Keimpflänzchen kein Licht, man spricht hierbei von Sprossen. Sie keimen am besten in einer Keimbox. Lasse die Samen über Nacht in Wasser quellen, spüle sie ab und lasse sie abtropfen. Jetzt kannst Du sie ausstreuen; je nach Sorte werden sie drei bis acht Tage lang morgens und abends mit frischem Wasser befeuchtet. Da die Samen im Wasser aufquellen, solltest Du nicht zu viele davon ausstreuen. Die fertigen Sprossen kannst Du sofort essen.

Erntezeit

Einige Sprossen sind schon nach drei, andere erst nach zehn Tagen erntereif. Sammele zuerst die längsten Sprossen ein, damit die anderen noch etwas wachsen können. Auf diese Weise kannst Du eine Aussaat mehrmals abernten. Spüle die Sprossen gründlich mit frischem Wasser ab.

Wie essen?

Sprossen werden entweder roh zum Salat gegessen oder „chinesisch“ zu einem Gericht aus dem Wok.

Sprossen und Mini-Salate zum Probieren

Sprossen aus der Keimbox: Kichererbsen, Gerste, Linsen, Mungbohnen
Mini-Salate aus der Schale: Kresse, Weizen, Radieschen, Alfalfa, Buchweizen

Frische Bohnensprossen schmecken köstlich knackig.

Die besten Kartoffeln

Kartoffeln gedeihen im Sack oder in jedem größeren Gefäß. Tatsächlich wachsen sie dort schneller als im Garten, weil sie Ruhe vor den Schnecken haben und garantieren die allerbesten Knollen.

Beginne mit dem „Vortreiben" Deiner Kartoffeln im zeitigen Frühjahr.

1 **KAUFE DIR IM GARTENCENTER „SAATKARTOFFELN".** Wenn Du sie vor dem Einpflanzen keimen lässt („Vortreiben"), entwickeln sie sich besser. Lege die Kartoffeln in einen Eierkarton oder auf ein Tablett und stelle sie für einige Wochen in einen kühlen, aber frostfreien, hellen Raum.

2 **IM FRÜHJAHR KANNST** Du die Kartoffeln pflanzen. Fülle das Gefäß 20 cm hoch mit Topferde. Dafür kannst Du auch „alte" Erde aus anderen Töpfen nehmen.

Früh oder spät?

Frühkartoffeln kannst Du schon ernten, wenn die Blüten der Kartoffelpflanzen verwelken. Sie haben eine sehr dünne Schale. Die größeren Spätkartoffeln werden erst aus der Erde geholt, wenn die Blätter gelb werden und absterben. Spätkartoffeln kann man lagern.

Kartoffeln sind hungrige Pflanzen – nicht den Dünger vergessen!

3 LEGE DREI SAATKARTOFFELN in gleichem Abstand auf die Erde und decke 10 cm Erde darüber. Danach müssen sie reichlich gegossen werden.

4 KARTOFFELKNOLLEN WACHSEN unter der Erde. Sie dürfen nicht grün werden (die grünen Teile sind giftig), deshalb musst Du sie mindestens eine Woche lang immer wieder mit neuer Erde zudecken. Kartoffeln brauchen viel Wasser und ein- bis zweimal pro Woche einen Schuss Flüssigdünger.

Bedecke die unteren Kartoffeltriebe während des Wachsens immer wieder gut mit Erde.

5 ZUM ERNTEN kippst Du die Erde aus dem Gefäß oder dem Sack, dann buddelst Du die Kartoffeln mit den Fingern aus.

Mini-Tomaten aus dem Hängekorb

Mini-Tomaten der Sorte 'Gartenperle' wachsen problemlos in Hängekörben. Ihre Triebe hängen nach unten und tragen viele Tomaten, die etwa so groß sind wie Kirschen. Diese Tomaten brauchen nur sehr wenig Platz.

Du brauchst einen Hängekorb, Topferde und eine Pflanze pro Korb.

1 KLEIDE DEN HÄNGEKORB innen mit Folie aus. Die Folie und der Korb müssen unbedingt Löcher haben, damit das Wasser abfließen kann. Bitte einen Erwachsenen, ein paar Löcher in die Folie und den Korb zu stechen, wenn keine oder zu wenig vorhanden sind.

Pflanze ein paar kleine Blumen dazu, dann sieht der Korb bunter aus.

2 FÜLLE DEN KORB mit normaler Topferde. Zerdrücke größere Brocken mit den Fingern.

3 GRABE MIT DEN HÄNDEN ein Loch in die Erde und setze die Tomatenpflanze hinein. Wenn Du mehrere Körbe bepflanzen möchtest, kommt in jeden Korb nur eine Tomatenpflanze. Ein paar bunte Blumen verwandeln den Korb in einen hängenden Garten.

Wenn Du mehrere Körbe bepflanzt, reicht die Ernte den ganzen Sommer lang.

Drücke die Erde um die Pflanzen vorsichtig mit den Fingern fest.

4 TOMATEN BRAUCHEN VIEL WASSER UND DÜNGER. Deshalb musst Du den Korb jeden Tag gießen. Wenn sich die Blüten in Früchte verwandeln, brauchen die Tomaten speziellen Dünger mit viel Kalium oder Beinwellbrühe (siehe Seite 97). Von jetzt an solltest Du Deine Tomaten einmal wöchentlich düngen.

Gieße immer mit einer Brause und sanftem Wasserstrahl.

5 UM TOMATEN MIT HÄNGENDEN TRIEBEN brauchst Du Dich nicht weiter zu kümmern. Wenn Deine Tomaten aber im Gartenboden, im Topf oder einem Sack wachsen, musst Du die kleinen Triebe abbrechen, die zwischen Blattstiel und Stängel austreiben. Dann wächst die Tomatenpflanze kompakter und bildet größere Früchte.

Tomaten mit kriechenden Trieben sind perfekt für einen Hängekorb. Da die Erde leicht austrocknet, musst Du den Korb täglich gießen.

Gärtnerwissen

CHRIS ERKLÄRT: SEITENTRIEBE ENTFERNEN

Tomaten stecken sehr viel Energie in ihre Seitentriebe. Wenn Du die meisten davon abbrichst („ausgeizen" sagen die Gärtner), wie im Bild gezeigt, bilden sich Blüten und Früchte nur an den restlichen Stängeln. Die Pflanze steckt nun ihren gesamten Vorrat an Nährstoffen in die verbliebenen Früchte – weniger, aber größere und besser schmeckende Tomaten für Dich.

Lecker!

Selbst gemachte Tomatensoße. Schneide mit Unterstützung Deiner Eltern eine Zwiebel in winzige Stücke und dünste sie in nicht zu heißem Olivenöl. Gib die Tomaten dazu und zerdrücke sie mit einem Löffel. Würze mit schwarzem Pfeffer und ein wenig Chili. Nach 20 Minuten wird die Soße vom Ofen genommen; abkühlen lassen und mit einem Küchenmixer zu einer Paste verarbeiten. Du kannst die Soße kalt als Ketchup oder warm als Nudelsoße essen. Einfach genial!

Tomatenkuchen. Breite ein Stück Blätterteig auf einem Backblech aus und stich mit einer Gabel Löcher hinein. Bestreiche den Blätterteig mit Deiner Tomatensoße und lege Tomatenscheiben darauf. Streue Kräuter aus Deinem Garten und geriebenen Käse darüber. Du kannst auch Pilze oder anderes Gemüse nehmen. Der Kuchen ist nach 20 Minuten bei 200 °C im Backofen fertig!

6 DIE KLEINEN KIRSCHTOMATEN werden früher reif, als große Fleischtomaten zum Beispiel. Aber: Sie schmecken süßer, je länger Du sie an der Pflanze lässt – warte ab, bis die Tomaten leuchtend rot sind. Sie schmecken superlecker frisch vom Strauch oder in einem Salat.

Knackig frische Gurken

Gurken breiten sich nach oben und seitwärts aus. Frage nach einer Sorte, die im Freien wächst und gib ihr viel Platz zum Wachsen in Deinem Beet.

Du brauchst einen sehr großen Topf oder idealerweise ein Hochbeet, Bambusstäbe oder Besenstiele, Schnur und Gurkenpflanzen.

Alte Besenstiele sind witzige Pflanzenstützen.

1 GURKEN BRAUCHEN VIEL PLATZ. Die Jungpflanzen werden im Spätfrühling an einem sonnigen Platz in ein Hochbeet oder in den größten Topf gepflanzt, den Du finden kannst.

2 GURKEN SIND KLETTERPFLANZEN und brauchen eine Stütze aus dicken Bambusstäben oder Besenstielen. Stecke drei Stäbe in einen großen Blumentopf mit Erde (oder in den Gartenboden). Binde die Stäbe an der Spitze zu einem Tipi (Stangenzelt) zusammen und mache aus der Schnur zwei „Stufen" als Kletterleiter. Befestige die Schnur dazu an jedem Stab mit einer Schlinge und knote sie zusammen. Pflanze an jeden Stab eine Gurke.

Wenn Du die Gurkenpflanzen im Frühsommer in den Garten pflanzt und regelmäßig erntest, bilden sie immer wieder neue Früchte.

3 GURKEN ENTHALTEN SEHR VIEL WASSER, deshalb schmecken sie so saftig. An heißen Tagen musst Du sie viel gießen und einmal wöchentlich mit Flüssigdünger oder Beinwellbrühe versorgen.

Ernte die Gurken, solange sie noch klein sind und süß schmecken – köstlich auf einem Butterbrot.

4 BINDE DIE WACHSENDEN TRIEBE DER GURKE regelmäßig locker an dem Tipi (Stangenzelt) fest. Dazu machst Du eine Schlaufe um den Trieb und eine zweite um die Stange (wie die Zahl Acht). Die „Schnur-Acht“ verhindert, dass sich die Triebe an den Stangen reiben. Ernte Deine Gurken mit einer Schere, solange sie noch klein sind.

Bohnen brauchen Unterstützung

Die meisten Bohnen werden sehr hoch und brauchen eine stabile Kletterhilfe. Der Bau ist simpel, aber etwas trickreich. Bitte Deine Eltern, Dir zu helfen.

1 ZUERST MUSST DU DIE STÜTZEN MACHEN: Baue aus stabilen Stangen ein langes Gerüst. Dazu bindest Du je zwei Stangen an den Spitzen zusammen und stabilisierst das Ganze mit einem langen Stab (Bild auf der Gegenseite). Wenn Du direkt draußen säen möchtest, stecke an jedem Stab zwei Samen in den Boden. Beschütze die zarten aufgegangenen Pflänzchen mit einer Glasglocke oder mit Vlies aus dem Gartencenter vor Kälte – Bohnen sind empfindlich. Bei Bohnen, die im Haus gewachsen sind, reicht eine Pflanze pro Stange.

Gärtnerwissen

CHRIS ERKLÄRT: FOLGESAAT

Wenn Du alle Samen am selben Tag in einer langen Reihe säst, sind auch alle Pflanzen zur selben Zeit reif. Bei der Folgesaat wird nie die ganze Reihe bepflanzt, sondern immer nur ein Teil davon, sodass man in ein paar Wochen noch mal aussäen kann. So kannst Du über mehrere Wochen richtig tolle Früchte ernten. Folgesaat funktioniert aber nur mit Pflanzen, die sich sehr schnell entwickeln, wie mit Stangenbohnen: Säe im Frühling sechs Pflanzen unter Glasglocken aus und dann bis zum Spätsommer alle paar Wochen sechs weitere.

2 ES IST SICHERER, DIE BOHNEN im Haus zu säen. Dort ist es wärmer und die Babypflanzen können sich prächtig entwickeln. Erst ab dem Spätfrühling, wenn die Nächte wärmer werden, dürfen sie raus in den Garten.

Drehe die Stängel um die Stäbe, sobald die Bohnen in alle Richtungen zu wachsen anfangen.

3 DIE BOHNEN WACHSEN an den Stangen empor und bilden sehr schöne Blüten, wie das Bild oben zeigt. Wenn die Pflanzen größer sind, werden ihre Stängel einfach an die Stäbe angebunden.

4 PFLÜCKE DIE BOHNEN, SOBALD SIE REIF SIND. Wenn sie länger an der Pflanze hängen, werden sie zu groß und zäh. Die Bohnen werden gewaschen und gekocht, dann behalten sie ihr Aroma.

Ein Riesen-Kürbis

Mache mit Deinen Freunden einen Wettbewerb: Wer hat den größten Kürbis? Der Rekord liegt bei 821 kg. Könnt ihr das schlagen? Wenn Du keine Lust auf Rekorde hast, dann säe leckere lagerfähige Winterkürbisse.

Du brauchst Töpfe, Topferde, Stallmist und Kürbissamen.

1 SÄE DIE KÜRBISSAMEN in kleine Töpfe und gieße die Pflänzchen gut, bis sie groß genug sind und in den Garten dürfen. Kürbisse sind nicht nur durstig, sondern auch hungrig. Buddele vor dem Auspflanzen ein 30 cm tiefes und breites Loch ins Beet und gebe etwas verrotteten Stallmist hinein.

Gärtnerwissen

CHRIS ERKLÄRT: SEITENTRIEBE ENTFERNEN
Eine Kürbispflanze wächst mit mehreren langen Trieben. Sie werden von der Pflanze mit Energie versorgt, um Kürbisse zu bilden. Nach einiger Zeit bilden sich daran Seitentriebe, die ebenfalls Nährstoffe für neue Kürbisse verbrauchen. Um einen oder zwei richtig große Kürbisse zu ernten, solltest Du diese Seitentriebe entfernen.

Kürbisse lieben Wasser, also reichlich gießen.

2 DECKE DIE JUNGPFLANZEN mit einer Glasglocke ab (eine in der Mitte durchgeschnittene große Plastikflasche funktioniert genauso). Sie brauchen viel Wasser und einmal pro Woche einen Schuss Flüssigdünger; wenn Du einen Riesen-Kürbis züchten möchtest, auch öfter.

3 MIT FOLGENDEM TRICK bekommst Du einen Riesen-Kürbis: Suche Dir unter den ersten Früchten (sie haben die längste Zeit zum Wachsen) den größten Kürbis aus. Schneide alle anderen jungen Kürbisse ab und wirf sie auf den Kompost.

4 RIESEN- UND WINTERKÜRBISSE werden an einem trockenen Tag im Herbst geerntet, bevor die Nächte zu kalt werden. Lasse die Winterkürbisse ein paar Tage in der Sonne liegen, dann wird die Schale härter und Du kannst sie besser lagern. Lege die Kürbisse an eine trockene Stelle (nicht auf den Boden) und hole sie rein, wenn der Wetterbericht Regen ankündigt.

Schneide den Kürbis auf, kratze die Samen heraus, wasche und röste sie – lecker!

Zuckermais zum Anbeißen

Baue Zuckermais immer in Gemeinschaft an, entweder im Kreis oder in zwei Reihen. Die kleinen Jungpflanzen wachsen im Sommer zu einem Maiswald aus 2 m hohen Pflanzen heran.

Säe die Maiskörner im Spätfrühling aus. Ab Mai werden die Jungpflanzen in den Garten umgesetzt.

Schütze kleine Maispflänzchen mit einem Vlies vor Kälte.

1 ZUCKERMAIS DARF ERST IN DEN GARTEN, wenn es draußen nicht mehr kalt ist. Da er andererseits nicht gerne so lange in Töpfen wächst, darfst Du nicht zu früh säen. Stecke in jeden Topf nur einen Samen.

Gärtnerwissen

CHRIS ERKLÄRT: WINDBESTÄUBUNG

Die meisten Pflanzen müssen bestäubt werden, um Früchte anzusetzen: Bei der Bestäubung landet Pollen aus einer männlichen auf einer weiblichen Blüte. Bei manchen Pflanzen übernehmen Insekten (meist Bienen) oder Vögel den Pollentransport. Bei anderen weht der Wind den Pollen auf die weibliche Blüte. Da Zuckermais vom Wind bestäubt wird, sollten mehrere Pflanzen dicht zusammen stehen – das erhöht Deine Chancen auf gute, dicke Maiskolben.

2 ZUCKERMAIS WIRD RICHTIG GROSS. Wenn die Pflanzen etwa so hoch sind wie ein Lineal, wachsen sie immer schneller und werden sehr kräftig. Lasse daher beim Einpflanzen genügend Platz zwischen den Jungpflanzen, damit sich die Blätter gut ausbreiten können.

3 WENN SICH DIE FÄDEN AN DER SPITZE des Kolbens braun färben, ist der Maiskolben reif. Zur Sicherheit drückst Du einen Fingernagel in ein Maiskorn. Wenn milchiger Saft austritt, kannst Du den Kolben ernten.

Lecker!

Maiskolben auf dem Grill. Lege den Kolben auf ein Stück Alufolie und schmiere Butter darauf, salzen und pfeffern. Schließe die Alufolie dicht zu und bitte einen Erwachsenen, den Kolben auf den Grill zu legen. Nach etwa 30 Minuten (alle paar Minuten umdrehen) ist der Kolben fertig.

Maiskolben im Topf. Fülle zusammen mit Deinen Eltern einen breiten Topf mit so viel Wasser, dass die Kolben bedeckt sind. Gib einen Teelöffel Zucker ins Wasser und bringe es zum Kochen. Wenn sich die Maiskörner dunkler färben, sind sie gar. Wenn Deine Eltern die Kolben aus dem Topf geholt haben, bestreiche sie mit Butter und streue Salz und Pfeffer darauf. Beim Essen darfst Du bestimmt die Finger benutzen.

Ein Knoblauchgarten

Viele Gerichte schmecken viel besser, wenn man ihnen Knoblauch hinzufügt. Und noch besser sind sie, wenn man dazu Knoblauchbrot isst. Das Beste dabei ist: Du kannst Knoblauch ganz leicht im Garten anpflanzen.

Du brauchst Knoblauchzwiebeln, Kies für einen besseren Wasserabfluss und eine Hacke.

Ziehe mit einer Hacke oder einer kleinen Grabegabel Erde über die Kiesfurche.

1 SPANNE ZUERST EINE SCHNUR als gerade Linie. Da Knoblauch keine feuchten Böden mag, ziehe eine flache Furche und streue Kieselsteine hinein, so kann das Wasser besser abfließen.

2 HÄUFE VON DEN SEITEN Erde über die Kiesfurche, bis ein kleiner Hügel entsteht. Drücke die Erde mit den Händen etwas fest.

Stecke die Knoblauchzehen zu Beginn des Frühlings in die Erde; geerntet wird im Sommer des nächsten Jahres.

3 ZERBRICH DIE KNOBLAUCHZWIEBEL in einzelne „Zehen". Du kannst Knoblauch aus dem Supermarkt nehmen, aber Knoblauchzwiebeln aus dem Gartencenter sind besser. Drücke jede einzelne Zehe mit einem Abstand von 10 cm in die Erde; die Spitze sollte gerade so unter der Oberfläche verschwinden.

4 WENN DU GRÜNE STÄNGEL und Blätter siehst, ist das ein Zeichen, dass der Knoblauch gut wächst (bei trockenem Wetter reichlich gießen). Sobald sich die Blätter im Sommer des nächsten Jahres gelb färben, kannst Du den Knoblauch ernten. Stich mit einer Grabegabel in die Erde und drücke die Zwiebeln heraus. Frischer Knoblauch schmeckt milder, aber Du kannst ihn auch aufbewahren: Hänge die Knoblauchzwiebeln vorher zum Trocknen auf.

Lecker!

Für ein Knoblauchbrot werden ein paar Knoblauchzehen geschält und mit dem Rücken eines Löffels zerdrückt. Mische Butter und fein geschnittene Petersilie darunter. Schneide zusammen mit Deinen Eltern ein Baguette tief ein (nicht durchschneiden) und fülle die Mischung in den Schnitt. Packe das Brot in Alufolie und bitte einen Erwachsenen, es zehn Minuten lang in den heißen Backofen zu legen, bis die Butter geschmolzen ist. Du kannst den Knoblauch, wie im Bild, auch direkt über ein Brot mit Butter reiben.

Ein Erdbeerbrunnen

Du brauchst einen richtig großen und einen mittelgroßen Topf, reichlich Topferde und viele Erdbeerpflanzen.

Süße Erdbeeren wachsen prächtig in Töpfen. Mit einem Turm aus Blumentöpfen bringst Du viele Pflanzen auf kleinem Raum unter und wirst jede Menge köstlicher Früchte ernten.

Probiere vor dem Pflanzen aus, wie viele Erdbeerpflanzen in den Turm passen.

1 FÜR DEN TURM brauchst Du einen großen und einen mittelgroßen Topf. Fülle den großen Topf etwa zu zwei Dritteln mit Erde und stelle den kleineren Topf mitten hinein. Fülle zuerst den unteren, dann den oberen Topf ganz voll mit Erde. Achte darauf, dass der obere Topf fest steht und nicht wackelt; drücke die Erde in beiden Töpfen mit den Händen fest.

2 SETZE DIE ERDBEERPFLANZEN in ihren Containern gründlich unter Wasser. Wenn die Erde schön feucht ist, werden die Erdbeeren in den Turm gepflanzt. Lasse etwas Abstand zwischen den Pflanzen, der ganze Turm sollte aber mit Pflänzchen bedeckt sein.

Lecker!

Erdbeermatsch. Zerbrich einige Baisers in Stücke und mische sie mit Schlagsahne und frischen, in Scheiben geschnittenen Erdbeeren – sieht matschig aus, schmeckt aber super. Oder mische zusätzlich ein paar Himbeeren dazu.

Erdbeerbrot. Auch wenn es sich komisch anhört, frische Erdbeeren schmecken klasse auf Brot. Sie müssen allerdings sehr dünn geschnitten werden (bitte einen Erwachsenen). Bestreiche eine Weißbrotscheibe oder Toast dick mit Butter und breite die Erdbeerscheiben in dicker Lage darauf aus. Streue Zucker darüber und lege die zweite Scheibe darüber – sofort essen, die Erdbeeren halten sich nicht. Wenn Du Dir etwas Besonderes gönnen möchtest, streiche noch eine Lage Schlagsahne auf die Erdbeeren. Lust auf Abenteuer? Streue statt Zucker schwarzen Pfeffer auf die Erdbeeren.

Erdbeeren werden im Herbst oder zu Anfang des Frühlings gepflanzt.

3 **ERDBEEREN BRAUCHEN** alle zwei Wochen Flüssigdünger mit hohem Kaliumanteil, wie Beinwellbrühe oder Tomatendünger. Kalium ist gut für die Blüten und Früchte.

4 **OBWOHL AUCH DIE ERDBEEREN** im Supermarkt köstlich aussehen, schmecken sie oft ziemlich fade. Sie werden gepflückt, wenn sie noch nicht ganz reif sind, damit sie auf dem Transport in den Supermarkt nicht überreif und matschig werden. Warte geduldig ab, bis Deine Erdbeeren leuchtend rot sind, dann kannst Du sie pflücken und sofort essen.

Fruchtsalat aus Deinem Garten

Mache an einer Stelle im Garten ein Plätzchen für Beerensträucher frei. Wahrscheinlich musst Du später die Vögel davon abhalten, die Früchte zu stibitzen. Lege dann einfach ein Netz darüber.

Himbeeren

Himbeersträucher wachsen sehr schnell und wenn Du sie lässt, erobern sie den ganzen Garten. Besonders große Himbeersorten müssen gestützt werden. Herbsthimbeeren sind die besten für Deinen Garten. Sie brauchen keine Stütze und werden im Winter bis zur Erde zurückgeschnitten, damit sie im nächsten Jahr wieder kräftig wachsen.

Himbeeren wachsen problemlos und schmecken super mit Eis.

Rhabarber

Eigentlich ist Rhabarber ein Gemüse, aber die Gärtner zählen ihn gerne zum Obst, also gönne ihm einfach einen Platz in Deinem Obstgarten. Nach dem Einpflanzen braucht Rhabarber viel Wasser und Du viel Geduld, denn es dauert zwei Jahre, bis Du die ersten Blattstiele ernten kannst. Du darfst aber auf keinen Fall die Blüten und Blätter essen! Sie sind giftig.

Heidelbeeren

Heidelbeeren brauchen sauren Boden. Wenn Du nicht weißt, ob der Boden in Deinem Garten sauer ist, pflanze sie besser in einen Topf. Besorge Dir (saure) Heideerde – Heidelbeeren lieben sie! Regenwasser ist ideal zum Gießen. Heidelbeeren wachsen auf niedrigen Sträuchern; die Blätter färben sich im Herbst leuchtend rot. Pflücke die Früchte, sobald sie reif sind.

Beerensträucher werden im Spätherbst oder zu Frühlingsbeginn, Rhabarber wird im Frühling gepflanzt.

Heidelbeeren sind wahre Superfrüchte. Sie schmecken lecker und sind gesund.

Gärtnerwissen

CHRIS ERKLÄRT: HEIDEERDE

Viele Pflanzen wachsen nur in ganz bestimmter Erde. Vor allem Heidelbeeren stellen große Ansprüche, denn sie brauchen sauren Boden. Dein Garten hat keinen sauren Boden? Kein Problem! Die Heideerde aus dem Gartencenter ist sauer und genau richtig für Heidelbeeren.

Pizza-Kräutergarten

Pizza machen ist gar nicht so schwer. Du brauchst Teig, eine Soße und Belag. Für eine leckere Pizzasoße kannst Du Tomaten und jede Menge Kräuter aus Deinem Garten nehmen – Oregano, Basilikum und Petersilie. Wenn Du Pizza liebst, lege doch den Kräutergarten wie eine Pizza an: In jedem „Pizzastück" wächst ein anderes Kraut.

Du brauchst zwei Stöcke, eine Schnur, Kieselsteine für die Grenzen und Pflanzen.

1 FÜR DEN KREIS BRAUCHST Du zwei Stöcke, die an den Enden einer Schnur befestigt sind. Stecke einen Stock in die Kreismitte und kratze mit dem zweiten Stock den Kreis in die Erde. Dann kannst Du mit der Schnur die „Pizzastücke" abgrenzen.

2 LEGE HÜBSCHE STEINE als Abgrenzung auf den Boden, dann werden Petersilie, Oregano, Knoblauch, Salbei, eine kriechende Rosmarinsorte, Schnittlauch und Rucola eingepflanzt. Sicher findest Du auch ein Plätzchen für Deine Lieblingskräuter oder Du pflanzt nur Deine Lieblingskräuter und nutzt die anderen „Pizzastücke" als Blumenbeete.

Oregano und Petersilie werden zu Anfang des Frühlings oder Herbstes gesät, Basilikum im Frühling.

3 **ERNTE DIE KRÄUTER FRISCH,** wenn Du sie brauchst. Versuche aber regelmäßig zu ernten, sonst musst Du die Kräuter beschneiden. Jedes Mal, wenn die Spitze eines Triebes abgeschnitten wird, bildet das Kraut etwas weiter unten am Stängel Seitentriebe und wächst buschiger.

Lecker!

Pizza mit Kräutern aus dem Garten. Schneide zusammen mit Deinen Eltern eine Zwiebel in kleine Stücke und dünste sie in der Pfanne, bis sie weich und glänzend aussehen. Gib klein geschnittenen Knoblauch dazu. Gieße eine Dose gehackte Tomaten darüber und lass alles einige Minuten kochen, bis die Flüssigkeit dicker wird. Pizzasoßen dürfen nicht flüssig sein. Den Pizzaboden kannst Du fertig kaufen oder selbst machen. Streiche die Soße auf den Boden, lege Deinen Lieblingsbelag darauf und streue zum Schluss die Kräuter aus Deinem Pizzagarten darüber.

Riesen-Sonnenblumen

Sonnenblumen passen prima in Deinen Garten. Sie schauen lustig aus und ihre Samen locken Vögel an. Du kannst die Samen aus der Blüte herauslösen und in der Pfanne rösten.

Stecke die Samen im Frühling in Töpfe; ab dem Spätfrühling auch direkt in die Gartenerde.

1 DIE SAMEN VON SONNENBLUMEN sind ziemlich groß, deshalb reicht ein Samen pro Topf. Bei gutem Wetter kannst Du die Jungpflanzen im Frühling abhärten und die Töpfe für kurze Zeit ins Freie stellen. Sonnenblumen dürfen endgültig ins Freie, wenn das Wetter wärmer ist.

2 SONNENBLUMEN WERDEN SEHR HOCH und ihre Blütenköpfe schwer, daher brauchen sie stabile Stützen. Drücke einen Bambusstab tief in die Erde und binde den Stängel locker daran fest (denke an die „Acht"). Gönne den Pflanzen regelmäßig Flüssigdünger.

3 WENN DU DIE KLEINEN BLÜTEN im Blütenkopf auszupfst, kannst Du ein grinsendes Gesicht oder Deinen Namen in die Sonnenblume „malen“. Das Bild bleibt auch erhalten, wenn der Blütenkopf noch wächst.

Über die großen, kräftigen Sonnenblumen freuen sich unsere Gartenvögel.

4 WENN DIE ÄUSSEREN BLÜTENBLÄTTER ABFALLEN, kannst Du die Samen aus dem „Gesicht“ kratzen und sie in der Pfanne rösten. Mit den Samen kannst Du aber auch den Vögeln im Winter helfen. Binde den ganzen Blütenkopf dazu an den Ast eines Baumes; die Vögel landen darauf und picken sich die Samen heraus.

Gärtnerwissen

CHRIS ERKLÄRT: STÜTZEN UND ANBINDEN

Viele hohe Pflanzen in Töpfen oder im Garten stehen stabiler, wenn Du sie an eine Stütze anbindest. Tomaten zum Beispiel werden zwar ziemlich groß, haben aber schwache Stängel. Vor allem die Jungpflanzen wachsen aufrechter, wenn Du sie rechtzeitig stützt. Unterschiedlich dicke Bambusstäbe sind tolle Pflanzenstützen, aber Besenstiele oder lange Stöcke funktionieren genauso gut. Binde die Stängel vorsichtig an, damit sie nicht beschädigt werden.

So bleibt die Ernte frisch

Oft wird Obst und Gemüse zur gleichen Zeit reif und Du kannst so schnell gar nicht alles aufessen. Bevor es Dir zu langweilig wird, jeden Tag das Gleiche zu essen, lagere oder friere die Früchte doch einfach ein.

Kartoffeln

Lass die geernteten Kartoffeln ein paar Stunden in der Sonne liegen. Sortiere beschädigte Knollen aus und koche daraus zusammen mit Deinen Eltern möglichst schnell leckere Sachen. Die anderen werden abgebürstet und in Säcke aus Sackleinen gelegt. Schau alle paar Wochen nach und wirf weiche oder faulige Kartoffeln weg.

Äpfel

Äpfel halten sich am besten in Obstkisten aus Holz. Sie sollten kühl, aber frostfrei und luftig aufbewahrt werden; ein Gartenhaus ist nicht schlecht. Decke die Äpfel an sehr kalten Tagen mit Obstsäcken oder einer alten Decke ab und hebe nur einwandfreie Äpfel auf. Überprüfe sie regelmäßig und wirf die faulen und schimmeligen Äpfel weg.

Beeren

Himbeeren und Brombeeren werden eingefroren. Lege sie dazu einzeln in einer Schale aus und stelle die Schale in den Gefrierschrank. Die gefrorenen Früchte werden später in Tiefkühlboxen oder Gefrierbeutel umgefüllt. Das dauert zwar etwas länger, aber zusammen eingefrorene Beeren frieren zu Klumpen zusammen. Von einzeln eingefrorenen Beeren kannst Du Dir immer so viele holen, wie Du brauchst.

Eis-Lollis selbst gemacht

Mit den Früchten aus dem Garten kannst Du Deine eigenen Eis-Lollis machen. Sie halten sich im Gefrierschrank ewig. Zuerst werden die Früchte zu einem Püree zermatscht. Äpfel müssen vorher mit etwas Zucker gekocht werden, aber Erdbeeren, Himbeeren oder Pflaumen kannst Du direkt im Mixer pürieren (gib etwas Fruchtsaft oder Wasser dazu). Fülle das Püree in Förmchen oder in eine Eiswürfelschale und ab in den Gefrierschrank.

Püriere die Erdbeeren im Mixer und friere die Masse ein – geniales Fruchteis am Stiel für Dich und Deine Freunde.

Blumentöpfchen für umsonst

Wenn Du die Töpfe im Winter bastelst, hast Du im Frühling ganz viel Vorrat, um alle Deine Samen gleich hineinzulegen.

Du musst die Töpfchen für die Samen nicht unbedingt kaufen. Bastele sie aus alten Zeitungen selbst! Das kostet nichts und ist gut für die Umwelt, denn die Töpfe verrotten in der Erde zu Kompost.

Du brauchst alte Zeitungen, einen Holzstab und einen passenden Becher; noch besser: eine Papiertopf-Presse aus Holz.

Falte die überstehende Zeitung nach innen.

1 SCHNEIDE AUS ALTEN ZEITUNGEN ganz viele 25 cm lange und 9 cm breite Streifen zu. Eine Papiertopf-Presse, wie im Bild, wäre toll, aber ein dicker Holzstab und ein Becher tun es auch. Der Holzstab muss genau in den Becher passen.

2 ROLLE DIE ZEITUNGSSTREIFEN um das Holz und lass sie unten ein paar Zentimeter überstehen.

3 WENN DU DIE ZEITUNG nach innen gefaltet hast, wird die Rolle in den Becher gedrückt und dann vorsichtig nach oben abgezogen. Achte darauf, dass der Boden des Bechers vollständig mit Zeitungspapier bedeckt ist. Du kannst den fertigen Papiertopf mit etwas Tesafilm zusammenkleben (vor dem Umpflanzen in den Garten abziehen).

4 FÜLLE DIE TÖPFCHEN mit Erde und stelle sie nebeneinander in eine Schale oder einen Pappkarton, dann fallen sie nicht um. Bohnen und andere große Samen werden direkt in die Töpfe gesteckt. Auch die jungen Pflänzchen aus der Samenschale kannst Du in solche Papiertöpfe umpflanzen.

5 WENN DIE JUNGPFLANZEN groß genug sind und ins Freiland dürfen, pflanzt Du sie mit den Töpfen ein. Die Wurzeln durchbrechen die weiche, feuchte Zeitung und die verwandelt sich in Kompost. Fast wie Zauberei.

Süße Erbsen vom Strauch naschen

Erbsen aus dem eigenen Garten schmecken sofort nach der Ernte am Besten, weil sie noch viel Zucker enthalten. Lässt Du sie länger liegen, wird der Zucker in Stärke umgewandelt und sie schmecken nicht mehr ganz so knackig und süß. Du kannst Erbsen direkt im Garten naschen, in einen Salat mischen oder kurz in Wasser kochen.

Aufgepasst!

Mäuse lieben Erbsen. Sie stürzen sich auf die Samen, sobald diese in der Erde liegen. Am sichersten ist es, die Erbsen in eine Regenrinne aus Plastik zu säen, die mit Topferde gefüllt ist. Dann hängst Du die Regenrinne so hoch, dass die Mäuse sie nicht erreichen können. Die jungen Erbsenpflanzen sind sicher.

1 DIE JUNGPFLANZEN KOMMEN INS FREILAND, sobald sie ein paar Zentimeter hoch sind. Wenn Du sie in einer Regenrinne ausgesät hast, gräbst Du eine Furche in Form der Regenrinne ins Beet und schiebst immer einige Pflänzchen auf einmal mit der Erde in die Furche. In Töpfen gesäte Erbsen werden einzeln umgepflanzt.

Erbsen werden im Frühling oder Herbst gesät.

2 ERBSENPFLANZEN KLETTERN gerne, daher brauchen sie ein Klettergerüst. Stäbe oder dünne Äste, die fest im Boden stecken, sind genau richtig.

3 DU KANNST DIE ERBSEN im Topf oder Beet auch über ein Tipi (Stangenzelt) klettern lassen. Biege die Stängel an die Stütze, den Rest schaffen die Erbsen allein.

4 JE REGELMÄSSIGER Du die reifen Schoten pflückst, desto mehr Schoten bildet die Pflanze nach. Also, immer wieder ernten, genießen und auf die nächsten Früchte warten.

Die Erbsen sind in Hülsen verpackt und können ganz leicht geerntet werden.

Wurzel-Wettrennen mit Möhren

Möhren wachsen wahnsinnig schnell. Du kannst sie ins Beet säen, aber auch in tiefe Töpfe oder Hochbeete – sie lieben lockere Erde, in der sich kein Wasser sammelt.

Erst den Packungstext genau durchlesen, dann säen.

1 SÄE DIE MÖHREN in eine tiefe, gerade Rille (Furche) im Beet. Im Topf werden die Samen locker über die Oberfläche gestreut und mit einer dünnen Schicht Topferde abgedeckt; danach sofort gießen. Wenn Du die Samen früh im Jahr ausstreust, decke sie zum Schutz vor Kälte mit einem Gartenvlies oder einem Folientunnel ab, dann keimen sie besser.

Aufgepasst!

Möhrenfliegen sind Schädlinge, die dicht über das Beet fliegen und Möhrenpflanzen riechen. Du kannst sie aber austricksen: Säe die Möhren in einen Topf und stelle ihn höher als die Flugbahn auf – die Fliegen kommen nicht auf die Idee, so weit oben zu suchen. Vom Möhrenbeet kannst Du sie auch abhalten, indem Du einen 60 cm hohen Plastikzaun außen herum aufstellst; da kommen sie nicht rüber. Und schließlich kannst Du ihren Geruchssinn täuschen wenn Du zwischen die Möhren Knoblauch, Zwiebeln, Porree und Schnittlauch pflanzt.

Möhren werden im Frühling oder Sommer gesät. Die im Sommer gesäten Möhren kannst Du lagern und im Winter essen.

2 WENN DIE PFLÄNZCHEN größer werden, zupfe vorsichtig aus jeder Reihe einige Möhren heraus („ausdünnen"), damit die anderen mehr Platz haben. Die winzigen Möhrchen kannst Du waschen und essen.

Die ersten Möhren kannst Du schon sechs Wochen nach der Aussaat ernten. Bis die Möhren so groß sind wie auf dem Bild, dauert es etwas länger.

Lecker!

Junge Möhren sind süß und haben genau die richtige Größe zum Dippen. Mische Frischkäse, saure Sahne, Knoblauch, einige Deiner Kräuter und dippe die Möhren hinein. Probiere den Dip auch mit Gurkenstücken, Brokkoli- oder Blumenkohlröschen aus.

3 ROHE JUNGMÖHREN schmecken herrlich süß und knackig. Möhren wachsen so lange weiter, bis Du sie aus der Erde ziehst und kochst. Säe auf jeden Fall noch ein paar Möhren im Sommer. Du kannst sie später ernten und für den Winter einlagern.

Ein Garten für Tiere

Blumenhimmel für Insekten

Wildblumen sind der beste Weg, Insekten in Deinen Garten zu locken. Die Blumen haben jede Menge Nektar, eine zuckersüße Flüssigkeit, die Bienen und Schmetterlinge lieben. Du brauchst gar nicht viel Platz für Deinen Wildblumengarten, damit eine Vielzahl von Insekten ihn besuchen können.

1 **ENTFERNE ZUERST** so viele Unkräuter wie möglich von dem neuen Beet und zerkleinere grobe Erdbrocken mit einem Rechen.

Blumen für Insekten

Deine Blumenwiese ist natürlich keine „echte" Wiese. Aber wenn Du die Blumensamen geschickt aussuchst und mischst, wird sie einer Wiese auf dem Land ziemlich ähnlich sehen. Insekten mögen die folgenden Blüten besonders gerne und auch Dir wird die Wiese sicher gefallen:

Klatsch-Mohn, Kornblume, Schlafmützchen, Saatwucherblume, Rudbeckie, Wiesensalbei, Jungfer im Grünen, Margerite

Mische die Samen in einer Schüssel gut durch, bevor Du sie säst.

2 **SÄE DIE WILDBLUMENSAMEN** in Zickzacklinien aus. Dann stehen die Blumen später dicht an dicht und die Wiese wirkt natürlich.

3 WENN DU ALLE SAMEN AUSGESTREUT HAST, wird die Fläche vorsichtig glatt gerecht, bis alle Samen mit Erde bedeckt sind. Dann wird die Fläche sehr behutsam gegossen.

4 WIE WÄRE ES MIT EINER „SAMENBOMBE“, um Wildblumen auf einen öden Flecken zu säen? Mische in einem Eimer Blumenerde, Samen und dreimal so viel zerriebenen Ton. Gieße vorsichtig Wasser dazu, bis Du die Masse zu Kugeln (etwa so groß wie ein Tischtennisball) formen kannst. Die trockenen „Bomben“ kannst Du im Herbst auf die Fläche werfen. Der Herbstregen weicht die Kugeln auf und mit etwas Glück sprießen im Frühling die Blumen.

Eine Wildblumenwiese sieht wundervoll aus und die Insekten werden genauso begeistert sein wie Du.

Auf Entdeckungstour im Wassergarten

Du brauchst keinen Teich, ein alter Eimer oder ein anderes etwas größeres Gefäß reichen völlig aus, um Wasser zu erforschen. Versenke die Gefäße im Boden und fülle Wasser ein. Die kleinen Biotope locken Frösche und Kröten an und die fressen die lästigen Schnecken.

Fischen im Teich

Wenn Du einen Teich im Garten hast, schöpfe mit einem Eimer etwas Wasser ab und fische mit einem Kescher Kleintiere heraus. Stülpe das Netz auf einen weißen Teller, um sie besser beobachten zu können. Vielleicht ist auch glibberiger Froschlaich dabei!

Vom schwarzen Punkt zum Frosch

Auch ohne eigenen Teich, kannst Du Kaulquappen beobachten. Fische im Frühling zusammen mit Deinen Eltern ein Glas voll Laich aus einem Teich in der Nähe. Gieße den Laich in ein Aquarium und warte ab, bis sich die ersten Kaulquappen zeigen. Wenn Du alles gesehen hast, was Dich interessiert, bringst Du sie zurück in den Teich. Nur dort können sie sich in Frösche verwandeln.

Teiche können gefährlich sein! Mache Dich daher zusammen mit Deinen Eltern mit dem Wasser vertraut.

Sonnenschutz für Teichbewohner

Jeder Teich braucht Pflanzen. Sie liefern schattige Plätzchen für Tiere und kühlen das Wasser. Einige Pflanzen wachsen unter Wasser und versorgen das Teichwasser mit Sauerstoff, den die Tiere zum Überleben benötigen.

Flache Ufer für kleine Tiere

Ein Teich sollte ein flaches Ufer haben, an dem die Tiere ins Wasser und wieder herauskriechen können. Dort können die Tiere auch Wasser trinken, ohne in den Teich zu plumpsen. Ideal wäre hierfür ein Kiesufer.

Ein Zuhause für Gartenvögel

Manche Vögel können nerven, weil sie unsere Beeren fressen. Andererseits picken sie die Schädlinge weg. Du solltest sie deshalb in Deinen Garten locken – die Beeren kannst Du abdecken.

Auch Vögel brauchen Wasser

Sie freuen sich über ein Vogelbad, das nicht von einer Katze erreicht werden kann. Stell es in der Nähe eines Strauches oder Baumes auf, damit die Vögel bei Gefahr einen Fluchtweg haben. Vor allem an heißen Sommertagen musst Du regelmäßig Wasser nachfüllen. Im Winter dient das Vogelbad dann als Tränke.

Gartenwissen

CHRIS ERKLÄRT: VÖGEL SIND WICHTIG

Vögel sind wichtige Helfer im Garten. Sie fressen Schnecken, sowie Insekten und deren Larven, die sich über die Blätter im Gemüsegarten hermachen. Es gibt viele Möglichkeiten, Vögel in den Garten zu locken, doch vor allem mit Wasser kannst Du ihnen helfen. Vögel sind saubere Tiere, die regelmäßig baden und ihre Federn pflegen. In einem Vogelbad kannst Du ihnen dabei zusehen.

Wenn Du den Vögeln ein Versteck anbietest, fühlen sie sich sicher und kommen gerne in den Garten.

Gute Verstecke

Vögel brauchen viele Verstecke im Garten. Dichte Hecken mögen sie besonders gern, weil sie dort sicher vor angreifenden Tieren sind. Hecken sind aber auch „Wildkorridore“: Tiere wandern darin in sicherer Deckung hin und her. In einem großen Garten kannst Du auch Nistkästen an Bäumen und Sträuchern aufhängen. Darin ruhen sich die Vögel tagsüber aus und mit etwas Glück bauen sie ein Nest.

Obst vor Vögeln schützen

Ein großer Käfig (Stangengerüst mit einem Netz darüber) hält die Vögel von den Beeren ab. Wenn das zu aufwendig ist, reicht auch ein normales Vogelnetz (Gartencenter). Es wird über kleinere Kirschbäume oder Himbeersträucher gespannt, wenn die Früchte reifen. Das Netz muss sehr straff gespannt werden, damit die Vögel nicht im flatternden Netz gefangen werden. Zur Ernte ziehst Du das Netz ab und danach kommt es ganz weg; dann können sich die Vögel an den Insekten bedienen.

Ein Haus für Vögel bauen

Wenn Du einen Nistkasten aufhängst, bauen Vögel darin ihr Nest und brüten Eier aus. Habt ihr keinen Garten, kannst Du den Nistkasten vielleicht gemeinsam mit einem Freund in dessen Garten aufhängen.

Wie soll der Kasten aussehen?

In Stadtgärten eignen sich kleine Kästen besser, weil dort viele Meisen und Spatzen leben. In Gärten auf dem Land kannst Du auch größere Kästen für Spechte, Drosseln oder kleine Eulen aufhängen. Rotkehlchen brauchen besondere Kästen mit einer halboffenen Vorderseite.

Welches Material ist geeignet?

Holz ist ein sehr gutes Material. Auch „Holzbeton" (Mischung aus Holz und Zement) eignet sich prima. Am besten ist Hartholz geeignet, das sich lange hält. Ein Nistkasten muss kleine Löcher im Boden haben, damit Wasser abfließen kann. Größere Löcher oben an den Seiten lassen Luft hinein.

Wünsche Dir doch einen Nistkasten zu Deinem nächsten Geburtstag.

Du kannst die Nistkästen mit Stickern oder Deinen Lieblingsfarben verzieren.

Wo soll der Kasten hängen?

Bitte einen Erwachsenen Dir zu helfen, den Nistkasten an einem Baum, einer Wand oder einem Pfosten zu befestigen. Er sollte 2 bis 4 m hoch hängen und das Einflugloch vor Wind, Regen und starker Sonne geschützt sein. Kippe den Kasten ganz leicht nach vorne, damit kein Regenwasser durch das Loch in den Kasten fließt. Kästen mit offener Vorderseite werden mindestens 2 m hoch gehängt und der Eingang hinter Bäumen, Sträuchern oder Zweigen verdeckt.

Woran soll ich noch denken?

Wenn der Nistkasten noch Material vom letzten Jahr enthält, kommen Vögel ungern wieder. Hänge den Kasten zwischen Spätsommer und Winter ab und mache ihn innen sauber. Beobachte den Kasten vorher ein paar Tage lang, bis Du sicher bist, dass kein Vogel mehr darin wohnt. Öffne den Kasten, wasche ihn mit heißem Wasser aus (keine Seife oder Spülmittel!) und lass ihn trocknen.

Welcher Nistkasten gefällt den Vögeln wohl am besten?

Ein Festmahl für Vögel

Mit Fett vermischtes Vogelfutter hilft den Vögeln über einen kalten Winter. Da das Fett die Körner zusammenklebt, kannst Du den „Vogelkuchen“ sogar aufhängen.

Du brauchst eine halbe Kokosnuss, Fett, Vogelfutter (Körner) und Schnur.

1 BITTE EINEN ERWACHSENEN, Talg oder Schmalz (eine Art Fett) in einem Topf zu schmelzen und Körner einzufüllen, bis jedes Korn von reichlich Fett umhüllt ist. Dabei wird ständig umgerührt, damit die Körner klebrig werden und gut aneinander haften. Statt Tierfett könnt ihr auch pflanzliches Fett nehmen.

2 BITTE EINEN ERWACHSENEN, ein Loch in eine halbe Kokosnuss zu bohren (versuche das bitte nicht alleine, Kokosnüsse sind extrem hart und Du könntest Dich verletzen). Fädele nun eine Schnur mit einem dicken Knoten am Ende durch.

3 FÜLLE DIE FETTIGE MISCHUNG EIN; gut festdrücken. Sieht zwar nicht appetitlich aus, aber Vögel lieben es.

4 WENN DAS FETT HART GEWORDEN IST, wird die Kokosnuss an einem Ast festgebunden. Der Platz sollte für Katzen unerreichbar und schattig sein, damit das Fett nicht in der Sonne schmilzt. Du kannst auch ungesalzene Erdnüsse oder Apfelringe auf eine Schnur fädeln und aufhängen. Jetzt brauchst Du nur noch etwas Geduld, dann kommen die Vögel, schlagen sich die Mägen voll und setzen Fett an, damit sie gut durch die kalten Winternächte kommen.

Vergiss nicht, Futterröhren oder Vogelhäuschen mit frischen Körnern zu füllen – die Vögel brauchen im Winter Deine Hilfe.

Ein Hotel für Wildbienen

Bienen sind, wie viele andere Insekten auch, echte Freunde des Gärtners. Im Winter ziehen sich Wildbienen in Löcher und Spalten zurück, wo es sicher und warm ist. Du kannst ihnen ganz leicht ein perfektes Winterquartier basteln.

1 **BITTE EINEN ERWACHSENEN,** einige Bambusstäbe in der Länge eines Lineals abzuschneiden. Binde sie mit einer festen Schnur an beiden Enden zusammen.

2 **BINDE EIN WEITERES STÜCK SCHNUR** als lockeren Henkel an die beiden Schnüre. Nun kannst Du das kleine Insektenhaus an den Ast eines Baumes hängen.

Nicht nur Bienen, sondern auch andere Insekten ziehen sich gerne in Röhren zurück; binde dickere und dünne Röhren zusammen.

3 **WENN DU MAGST,** kannst Du ein richtiges „Insektenhotel" bauen. Teile ein altes Regal oder Kästen aus Sperrholz (bitte einen Erwachsenen, Dir zu helfen) mit Querbrettern in kleine einzelne Bereiche. Lege Röhrenbündel, Ziegelsteine mit Löchern, alte Holzbalken, Stroh- oder Zweigbündel hinein. Für fast alle Löcher gibt es ein Insekt, das genau diese Größe als Haus braucht.

4 **WENN DU KEINE BAMBUSRÖHREN** findest, nimm einfach kleine Zweige. Binde gleich lange Zweige fest mit Schnur zusammen und lege sie an einen trockenen, geschützten Platz in einer Hecke oder an die Wand eines Schuppens. Die Insekten werden sich freuen.

Fledermauskästen

Gärten mit vielen Insekten locken Fledermäuse an. Es ist sehr aufregend, ihnen an Sommerabenden zuzusehen, wenn sie lautlos fliegend auf die Jagd gehen. Mit vielen duftenden Blumen machst Du den Garten interessant für Insekten und damit für Fledermäuse. Die vielen Winterquartiere für Insekten sorgen dafür, dass die Fledermäuse immer genug Futter finden. Fledermauskästen sehen aus wie große Nistkästen, sind aber unten offen. Auch ein Teich oder eine Wasserstelle zieht Fledermäuse an. Versenke einen alten Eimer bis zum Rand an einer sicheren Stelle im Boden, damit niemand aus Versehen in den Eimer tritt und hinfällt und fülle Wasser ein.

Würmer machen Pflanzenfutter

Du kannst Küchenabfälle ganz leicht in Dünger verwandeln. Wenn Du Kompostwürmer damit „fütterst“, machen sie daraus Flüssignahrung und Kompost für die Pflanzen.

Ein Wurmkomposter ist eine spannende Sache. Man bekommt ihn in zwei Ausführungen. Der erste Typ besteht aus mehreren übereinander gestapelten Schalen. Sie werden mit Pflanzenabfall gefüllt und die Würmer arbeiten sich von Schale zu Schale durch. Wenn sie in die nächste wechseln, nimmst Du die erste Schale mit fertigem Kompost heraus. Die zweite Ausführung ist eine Art Tonne, aus der alle sechs Monate der Kompost herausgeholt wird.

Was Würmer lieben

Wenn ihr einen Wurmkomposter kauft, werden die passenden Kompostwürmer gleich mitgeliefert. Schütte sie auf zerrissenes Zeitungspapier und füttere sie mit einer Handvoll zerkleinerter Pflanzenabfälle aus

Die Kompostwürmer wandern von Schale zu Schale und hinterlassen wertvollen Kompost.

der Küche. Bis sich die Würmer in ihrem neuen Zuhause wohlfühlen, vergeht eine Weile, doch wenn sie sich erst eingewöhnt haben, könnt ihr den größten Teil der Küchenabfälle im Komposter entsorgen. Ab und zu musst Du etwas Gesteinsmehl über den Kompost streuen (wird mit dem Komposter geliefert). Damit bleibt der Kompost genau so, wie Würmer ihn lieben. Auch zerdrückte Eierschalen liefern Kalk.

Dünger von Superwürmern

Über einen Hahn am Komposter wird die Flüssigkeit abgelassen, die von den Kompostwürmern gebildet wird. Verdünnt mit Wasser ist diese Brühe ein fantastischer Flüssigdünger für alle Pflanzen.

Sie können mehr als nur stechen

Es gibt noch eine Möglichkeit, kostenlosen Dünger herzustellen: Ziehe Dir Handschuhe an und rupfe Brennnesseln oder Beinwell aus. Die Pflanzen bleiben für einige Wochen in einem Eimer mit Wasser stehen. Dann rührst Du alles gut um und vermischst einen Teil Brühe mit zehn Teilen Wasser. Den Flüssigdünger (er enthält viel Stickstoff) verteilst Du mit einer Sprühflasche auf die Blätter der Pflanzen. Leider stinkt die Brühe ziemlich übel, stelle den Eimer also so weit wie möglich vom Haus entfernt auf und lege einen Deckel darauf.

Pflanzen selber machen

Statt neue Pflanzen zu kaufen, kannst Du die meisten Pflanzen auch selbst vermehren. Schneide Stecklinge von Deinen Pflanzen ab, sammle Samen oder teile Deine Pflanzen – alles gratis.

Ziehe im Herbst und Frühling neue Pflanzen, indem Du sie teilst oder Stecklinge schneidest.

Samen sammeln

Die Samen von Busch-, Stangen- und Dicken Bohnen, Erbsen und Paprika kannst Du sammeln. Dazu musst Du allerdings die Früchte vollständig ausreifen lassen. Auch wenn das Gemüse noch so lecker aussieht, dürfen die ausgewählten Pflanzen nicht angerührt werden. Schneide die reifen Früchte an einem sonnigen Tag ab, hole die Samen heraus und lagere sie in luftdichten Gefäßen (zum Beispiel Gefrierdosen) an einem trockenen, dunklen Ort. Aus den Samen kannst Du kostenlose neue Pflanzen ziehen.

Bewahre die Samen in luftdichten Behältern an einem kühlen, dunklen Ort auf und säe sie im nächsten Jahr wieder aus.

Gärtnerwissen

CHRIS ERKLÄRT: PFLANZEN AUS STECKLINGEN

Die meisten Samen haben eine Ruhezeit aus der sie erst „erwachen" (keimen), wenn die Bedingungen stimmen. Ganz viele Samen keimen im Frühling, wenn die Tage länger und wärmer werden. Der Frühling ist auch die beste Zeit für Stecklinge. Pflanzen haben ein Teilungsgewebe (Kambium), das ihnen hilft, neue Wurzeln zu bilden. Wenn die Pflanzen im Frühling wachsen, wird das Kambium aktiv. Dann ist auch die beste Zeit die Stecklinge, also kleine Pflanzentriebe, von der Mutterpflanze abzuschneiden.

Stecklinge abschneiden

Mit Stecklingen von Pflanzen aus dem Beet kannst Du Deine Kräutersammlung vergrößern. Im Frühling wachsen die Stecklinge von Salbei, Rosmarin, Thymian und Zitronenverbene gut an: Schneide einen 10 cm langen Trieb ohne Blüten ab und streife die Blätter im unteren Drittel ab. Dieses Drittel wird in Topferde gesteckt, gegossen, mit einer durchsichtigen Plastiktüte bedeckt und an ein Fenster gestellt. Sobald sich neue Blätter zeigen, hat der Steckling Wurzeln gebildet.

Du brauchst nicht immer neue Pflänzchen zu kaufen. Wer weiß, wie's geht, kann sie selber vermehren.

Pflanzen kann man auch teilen

Minze, Thymian und andere Pflanzen werden im Herbst geteilt. Lass Dir von einem Erwachsenen helfen: Die ganze Pflanze wird mit der Grabegabel aus der Erde gegraben und mit einem Spaten in zwei Hälften geteilt. Sehr große Pflanzen kannst Du in vier oder noch mehr Teile spalten. Pflanze alles sofort wieder ein; reichlich gießen.

Kleine Erdbeerkinder

Erdbeerpflanzen bilden „Ausläufer“, die über den Boden kriechen. Wo der Ausläufer den Boden berührt, bilden sich zuerst Wurzeln und daraus eine „Tochterpflanze“. Grabe die Tochterpflanzen aus und pflanze sie in einen Topf.

Oh nein!
Was ist da
passiert?

Alarm im Gartenbeet

Manchmal gibt es Probleme im Garten, die uns gar nicht gefallen. Wenn Du gut vorbereitet bist, bekommst Du sie aber in den Griff.

Schnecken

Diese kleinen Tierchen, vor allem die Nacktschnecken ohne Haus, sind der Schrecken jedes Gärtners. Sie können in einer einzigen Nacht eine ganze Sämlingsreihe kahl fressen und den Jungpflanzen erheblichen Schaden zufügen. Auf Seite 106 stehen ein paar Tricks, mit denen Du sie überlisten kannst!

Schnecken sehen zwar interessant aus, im Beet sind sie aber gar nicht lustig.

Saftsauger

Blattläuse fallen über die weichen Teile einer Pflanze her und saugen deren Saft aus (darin transportiert eine Pflanze ihre Nährstoffe). Damit schwächen Blattläuse und andere Insekten die Pflanze. Auf Seite 104 stehen Tipps, um ihre natürlichen Feinde in den Garten zu locken.

Kenne Deine Gegenspieler und Du wirst gewinnen.

Krabbelnde Raupen

Schmetterlingsraupen fressen Löcher in die Blätter. Das wäre noch kein großes Problem, aber manche fressen die Blätter auch vollständig ab. Vor allem Kohlblätter sind bei den Schmetterlingsraupen vom Kohlweißling sehr beliebt.

Nicht genug Wasser?

Wenn einer jungen Pflanze Wasser fehlt, werden die Blätter schlapp und sehen traurig aus. Pflanzen müssen reichlich gegossen werden, bis ihre Wurzeln lang genug sind, das Wasser aus dem Boden zu holen.

Gemüse, das zu wenig gegossen wird, bleibt klein und schmeckt nicht so gut.

Gefahr aus der Luft

Vögel können Zwiebeln aus dem Boden rupfen, Kohlblätter zerreißen und fressen, reife Beeren picken und sogar die ungekeimten Samen aus dem Beet scharren. Schütze die Beerensträucher und Kohlbeete mit Netzen. Auch eine Vogelscheuche kann hilfreich sein. Mehr Ideen findest Du auf Seite 108.

Richtig gute Pflanzen-Freunde

Manche Pflanzen vertragen sich besser miteinander als andere. Sie helfen sich gegenseitig, wenn Du sie nebeneinander pflanzt. Manchmal vertreibt der Duft einer solchen Begleitpflanze die Schädlinge, manchmal lockt er sie aber sogar an und lenkt sie damit vom Gemüse ab. Hier findest Du ein paar besonders gute Kombinationen.

Bohnen und Kapuzinerkresse: Blattläuse machen sich zwar gerne über Bohnen her, lieben Kapuzinerkresse aber noch mehr. Die Schädlinge tappen in die „Falle“ und fressen den „Köder“ – die Bohnenernte ist sicher.

Möhren und Zwiebeln: Möhrenfliegen riechen die Blätter von Möhren und stürzen sich darauf. Der strenge Zwiebelduft verwirrt sie und die Fliegen finden die Möhren nicht mehr so einfach.

Kohl und Dill: Die nützlichen Schwebfliegen lieben den Duft von Dill und die lästigen Blattläuse mögen Kohl. Wenn Du die beiden „Freunde“ Dill und Kohl zusammenpflanzt, werden später die Larven der Schwebfliegen die Blattläuse einfach aufessen und Deine Kohlpflanzen sind geschützt.

Tomaten und Studentenblumen: Blattläuse mögen den Duft von Studentenblumen nicht so gerne. Vielleicht bleiben dann auch die Tomaten verschont.

Marienkäfer fressen Unmengen von Blattläusen und anderen schädlichen Insekten.

Zuckermwais, Bohnen und Riesen-Kürbis: Die Kürbisblätter spenden den Wurzeln anderer Pflanzen Schatten und schützen den Boden vor Austrocknung. Bohnen benutzen die Stängel von Zucker-Mais als „Bohnenstange“.

Tomaten und Basilikum: Einige Gärtner schwören darauf – Basilikum soll den Geschmack der Tomaten verbessern.

Basilikum und Tomaten schmecken lecker im Salat. Warum sollen sie nicht auch zusammen wachsen?

„Gute Freunde" helfen sich gegenseitig, auch bei Pflanzen.

Blattläuse mögen den starken Duft der Studentenblumen nicht. Mit etwas Glück halten sie sich deshalb auch von den Tomaten fern.

Zwiebelduft verwirrt die lästigen Möhrenfliegen; sie finden die Möhren nicht und lassen Deine Ernte in Ruhe.

Schnecken schrecken

Schnecken sind hungrige Blattfresser und die größte Plage im Gemüsebeet. Aber es gibt jede Menge Tricks, wie Du sie wieder loswirst.

Schnecken mögen am liebsten junge, zarte Pflanzen und können in nur einer Nacht eine komplette Reihe Jungpflanzen auffressen. Schnecken kriechen zwar auch am Tag herum, die gefährlichste Zeit ist aber nachts, wenn es kühler und feuchter wird. Dann kriechen sie auf einer Schleimspur von Pflanze zu Pflanze. Auch wenn Hindernisse und Bierfallen sie etwas eindämmen, bleibt Schneckenkorn ein wichtiges Gegenmittel. Schneckenkorn ist giftig. Deshalb darfst Du es nur zusammen mit einem Erwachsenen ausstreuen. Verwendet am besten ein Schneckenkorn auf Eisenbasis, da es nicht so schlimm für andere Tiere im Garten ist.

Gärtnerwissen

CHRIS ERKLÄRT: SCHNECKEN-BARRIEREN

Wenn Du eine Schnecke umdrehst, entdeckst Du eine große Fläche. Es ist der Fuß der Schnecke, auf dem sie kriecht. Schnecken brauchen eine glatte, feuchte Unterlage, um Schleim abzugeben und darauf zu gleiten. Wenn Du eine Barriere aus trockenen, rauen Kieselsteinen ausstreust, bekommt die Schnecke Schwierigkeiten. Am besten wirken Steine mit scharfen Kanten (Schotter) um die ganze Pflanzenreihe.

Eine Bierfalle für Schnecken

Aus einem Plastikbecher oder einem Marmeladeglas, kannst Du eine Falle für Schnecken bauen. Das Gefäß wird bis zum Rand in die Erde eingegraben und mit Bier gefüllt. Der Biergeruch lockt die Schnecken an. Sobald sie an das Bier wollen rutschen sie in die Falle und ertrinken. Am nächsten Morgen musst Du den Becher ausschütten.

Bitte einen Erwachsenen, den eingegrabenen Becher mit Bier zu füllen.

Eine Barriere aus Kies oder Schotter hält die Schnecken ab. Du darfst aber keine Lücke lassen – die Schnecken würden sie garantiert finden! Streue mit Hilfe eines Erwachsenen zur Sicherheit Schneckenkorn dazu.

Auch zerbrochene Eierschalen bilden eine Barriere mit scharfen Kanten. Wie beim Kies solltest Du dazwischen Schnecken-korn ausstreuen.

Lustige Vogelscheuchen

Es macht großen Spaß, eine Vogelscheuche zu basteln, die Vögel lassen sich jedoch nur für kurze Zeit täuschen. Ziehe der Vogelscheuche alte Kleider an. Wenn sie schon nicht „scheucht", soll sie wenigstens lustig und cool aussehen.

1 NIMM ZWEI STÖCKE – einer halb so lang wie der andere. Alte Besenstiele sind gut. Bitte einen Erwachsenen, sie zu einem Kreuz zusammenzunageln. Der lange Stock wird später in die Erde gesteckt, der kurze bildet die Arme.

2 STOPFE EINE ALTE HOSE mit Stroh, zerknüllten Zeitungen oder Stoff aus und binde die Beinenden unten zu, damit die Füllung nicht rausfällt. Ziehe ein Hemd über die „Arme" der Vogelscheuche und bitte einen Erwachsenen, das Hemd an die Hose zu nähen, damit diese nicht herunterrutscht. Du kannst die Hose aber auch mit alten Hosenträgern an den Armen festmachen. Das Hemd wird ebenfalls ausgestopft und die Ärmel werden mit Schnur zugebunden.

3 ALS KOPF kannst Du einen alten Ball, einen umgedrehten Eimer oder etwas anderes nehmen, was rund und leicht ist. Wenn Du magst, geht auch ein ausgestopfter Kissenbezug. Setze den Kopf aber noch nicht auf.

4 WENN ALLES FERTIG IST, suche eine gute Stelle im Beet und bitte einen Erwachsenen, den langen Stab mit einem Hammer tief in die Erde zu schlagen. Erst jetzt setzt Du den Kopf auf das obere Ende des Stocks – vielleicht noch einen Hut oder Schal dazu?

Diese Vogelscheuche wird die Vögel zwar nicht lange vertreiben, dafür sieht sie echt cool aus.

Noch mehr Scheuchen!

Vogelscheuchen sehen lustig aus und es macht viel Spaß, sie zu basteln, aber sie verjagen die Vögel nur für kurze Zeit. Viel besser funktionieren klappernde oder glänzende Gegenstände, die in der Sonne blitzen. Irgendwann gewöhnen sich Vögel allerdings auch an die raffinierteste Abschreckung.

Vögel kapieren recht schnell, was ihnen wirklich gefährlich werden kann. Die rotierenden Räder schrecken sie zunächst auf, doch sie kommen relativ schnell wieder zurück. Vielleicht wirken die Räder wenigstens so lange, bis Du die Beeren geerntet hast.

Windräder

Lustig bunte Windräder überraschen die Vögel und schrecken sie für eine Weile ab. Binde sie an einem Zaun fest oder stecke sie in Blumentöpfe. Sobald etwas Wind aufkommt, drehen sich die bunten Propeller und die wirbelnden Farben scheuchen Vögel auf.

Blitzlichter

Hänge glitzernde Objekte an Schnüren an Ästen auf. Du kannst alles nehmen, was sich im Wind bewegt und spiegelt. Ziemlich gut klappt das mit alten CDs; sie haben schon ein Loch für die Schnur.

Viel Lärm ...

Ein Windspiel aus Glöckchen kannst Du ganz einfach bauen. Du brauchst ein Stück Holz, Schnur und Glöckchen in verschiedenen Größen (die gibt's im Bastelgeschäft). Binde zuerst an den Enden des Holzes ein Stück Schnur fest. Dann hängst Du die Glocken einzeln auf. Lass nur einen kleinen Abstand dazwischen, damit sie bei Wind aneinanderstoßen und ein klingelndes Geräusch machen.

Wenn Du Glockenklingeln nicht magst, kannst Du auch Perlen, Muscheln oder Schneckenhäuser auf Schnüre fädeln und festbinden. Befestige mehrere „Ketten" an einem alten Kleiderbügel, sodass sie sich bei Wind berühren und klappern.

Register

Halbfette Seitenzahlen verweisen auf Abbildungen.

Bildnachweis

Mit 240 Farbfotos von Will Heap außer
Bigstock 40 re, 63 u
Fotolia 95 oli, 73 o, 100, 63 mi, 68, 71 u, 65 ore
GAP Photos 18 li, 54 u, 62, 67 li, 72 re, 79 ore, 87 o, 103 u, 105 o, 105 u
Getty Images 63 o, 98 u
Octopus Publishing Group 18 re, 70 li & re, 71 o, 90 o, 108-111, 19 li, 102 o & u
Thinkstock Comstock 32 o, Hemera 1, 5 u, 30 o, 36, 37 o & u, 75 o, 78 re, 88 o, 95 u, 96 re, 103 o, iStockphoto 8-9, 31 u, 37 mi, 38 li, 59, 60 o & u, 74 li, 78 oli, 79 ore, uli & re, 90 o, 107 o, Jupiterimages 30 u, 42, 61 o & u, Martin Poole 49 o, Medioimages/Photodisc 41 re, 73 u

Alle Angaben in diesem Buch sind sorgfältig geprüft und geben den neuesten Wissenstand bei der Veröffentlichung wieder. Da sich aber das Wissen laufend und in rascher Folge weiterentwickelt und vergrößert, muss jeder Anwender prüfen, ob die Angaben nicht durch neuere Erkenntnisse überholt sind. Dazu muss er zum Beispiel Beipackzettel zu Dünge-, Pflanzenschutz- bzw. Pflanzenpflegemitteln lesen und genau befolgen sowie Gebrauchsanweisungen und Gesetze beachten. Jede Dosierung und Anwendung erfolgt auf eigene Gefahr.
Die Ratschläge und Rezepte dieses Buches wirken bei den meisten Menschen ähnlich. Es könnte aber durchaus vorkommen, dass manchmal eine unvorhergesehene Wirkung auftritt. Daher müssen Sie sich immer gut beobachten. Das Allerwichtigste ist, dass Sie die Pflanzen und insbesondere die Kräuter einwandfrei erkennen. Oftmals gibt es verwandte Arten, die sich sehr ähnlich sehen. Die eine ist jedoch gut, die andere giftig. Wenn Sie irgendwelche Zweifel haben, dann verwenden Sie die Pflanze nicht. In der Apotheke bekommen Sie beispielsweise die beschriebenen Kräuter in getrockneter Form.